U0514481

经济法基础理论研究与实践应用

杨翔宇◎著

WUHAN UNIVERSITY PRESS
武汉大学出版社

图书在版编目（CIP）数据

经济法基础理论研究与实践应用/杨翔宇著 . —武汉：武汉大学出版社，2024.11

ISBN 978-7-307-24182-4

Ⅰ.经… Ⅱ.杨… Ⅲ.经济法—研究—中国 Ⅳ.D922.290.4

中国国家版本馆 CIP 数据核字（2023）第 234212 号

责任编辑：周媛媛　　　　责任校对：牟　丹　　　　版式设计：文豪设计

出版发行：**武汉大学出版社**　　（430072　武昌　珞珈山）

（电子邮箱：cbs22@whu.edu.cn　网址：www.wdp.com.cn）

印刷：湖北恒泰印务有限公司

开本：787×1092　1/16　印张：11.25　字数：215 千字

版次：2024 年 11 月第 1 版　　2024 年 11 月第 1 次印刷

ISBN 978-7-307-24182-4　　定价：68.00 元

前　言

经济法作为法学和经济学交叉领域的重要法律,对现代社会经济活动的正常运行和法律秩序的维护具有重要意义,旨在通过法律手段调节经济行为,促进经济发展与社会公平的统一,维护市场的正常运行。随着经济全球化和我国经济的全面发展,经济法基础理论研究与实践应用变得日益重要和紧迫。

本书旨在深入研究经济法基础理论,并探索其实践应用。第一章是经济法概述,包括经济法及其关系辨析、经济法的基本原则与范畴、经济法的制定与实施、经济法主体责任制度;第二章研究了现代企业法律制度,包括《公司法》及其基本制度,合伙企业及其解散、清算,个人独资企业及其管理;第三章聚焦国有资产管理与能源法律制度,探究国有资产管理法律制度,论述能源法律制度的具体内容,以及能源法律制度的链接性互补;第四章重点研究《劳动合同法》及其司法适用,阐述《劳动合同法》及其立法原则和劳动合同的主要内容,探讨劳动合同的履行、变更、解除与终止,以及《劳动合同法》中诚信原则的司法适用;第五章研究经济市场规制法律制度及实践,详细阐述《反垄断法》与《反不正当竞争法》,关注《产品质量法》及其经济法属性,探讨数字经济时代的消费者权益保护实践;第六章研究经济调控相关法律制度及实践,分析发展规划法原理及相关制度,关注《价格法》中的价格行为与价格管理,研究会计法律制度与会计职业道德建设实践。

本书的撰写得到了许多专家、学者的指导和帮助,在此表示诚挚的谢意。由于笔者水平有限,加之时间仓促,书中所涉及的内容难免有疏漏与不够严谨之处,希望各位读者多提宝贵意见,以待进一步修改,使之更加完善。

目　录

第一章　经济法概述

第一节　经济法及其关系辨析

一、经济法的理论基础

经济法是调整国家为整合社会经济秩序而在对经济运行和市场运行进行干预的过程中形成的社会关系的法律规范的总称。

（一）经济法的调整对象

1. 主体规制关系

经济法主体是指经济法律关系的主体，是直接参与国家干预经济运行和市场运行经济活动，依法享有权力（权利）、职责（义务）的国家机关及其授权部门或者个人、法人组织或其他非法人组织。因此，只要参与了上述经济活动，都有可能成为经济法主体，其范围是广泛的、开放的。

作为经济法调整对象的主体规制关系，是国家作为干预方，在对被干预方形成经济法主体资格进行干预的过程中形成的规制关系。它既包括干预方组织系统的各种运作关系，也包括干预方与被干预方之间因干预而形成的社会关系。这种关系必须在私人主体有可能对经济运行或市场运行产生影响时才发生，如对存在自然垄断、信息偏杂的部门，在市场准入方面应对其具备的资格条件进行严格规定，并建立严格的市场准入方面的审查和批准制度。上述规制活动中发生的主体规制关系，不同于企业在设立、变更或终止等登记活动中形成的一般性管理关系，也不同于企业在内部管理过程中发生的组织关系。

2. 市场规制关系

在经济生活中，人们始终面临信息不完全和心智有限的困境，因此不可能有一个中心或机构来收集、加工、传播和使用所有信息，并根据这些信息指挥、控制或支配生产、交换、分配、消费诸领域的经济行为，使其相互协调。那么，就必然需要一种信息发现和传播机制，如此才能在劳动分工极其复杂的情况下，充分利用分散性知识，适应环境不确定性与行为不确定性的具体情势，这种机制就是价值规律之上的竞争机制。只有竞争才能使人们充分地运用分散在无数人之中而又在整体上不为任何个人所能掌握的知识、技艺和获得知识的机会。因此，自由是竞争得以开展的前提条件，市场机制只有在竞争自由的情况下，才能实现资源的有效配置，并提高经济效率。

传统私法是通过契约自由、意思自治原则来维护竞争自由的，这种竞争自由却走向了事物的反面，逐渐演变成一种凌驾于自由之上的私人权力，成为自由企业制度的"杀手"。它不仅从根本上消除或阻碍竞争及竞争得以开展的条件，而且从根本上否定了市场机制。然而，市民社会并不具有克服或避免这种反竞争的私人权力的能力和机制，国家应通过公权力的介入来抑制经济生活中的私人权力，维护竞争自由的机制。同时，在竞争可能损害效率的情况下，通过对竞争的适度抑制来确保经济效率和消费者福利。

因此，从本质上说，市场规制关系是国家在出于对社会整体经济效率和消费者福利最大化的价值追求，而采取的积极促进竞争或消极抑制竞争政策中所形成的竞争关系。这种竞争关系是为了从根本上维护竞争机制，是国家公权力作用于私人市场竞争关系时形成的一种"建构性"竞争关系。换言之，作为经济调整对象的竞争关系，不同于市场主体在自由竞争中形成的平等主体之间的竞争关系，而是在竞争自由被抑制的情况下，或在国家有目的地抑制竞争的情况下对竞争自由的恢复，或在限制的活动中产生的干预性竞争关系，平等主体间的竞争关系由传统私法予以调整。

3. 宏观调控关系

宏观调控关系是国家在对国民经济运行实施宏观调控过程中形成的各种社会关系。市场并非万能，市场机制由于本身的唯利性、盲目性、滞后性，既无法解决公正分配和非价值性物品、公共物品的供给问题，也无力调节国民经济宏观平衡和经济结构优先问题。因此，国家需要伸出干预之手，对国民经济实行一定程度的宏观调控。换言之，国家可通过运用货币政策、财政政策、税收政策等经济政策及利率、税率、汇率、价格等间接手段来改变经济变量，引导市场决策，改善各种经济总量关系；也可通过私权方式直接参与市场活动，来改善社会供需关系，促进经济结构优化；必要时还可采取直接的、强制性的具体行政措施来处理经济运行过程中出现的紧急状态。总之，国家通过宏观调控不断改善市场经济宏观运行环境，维持资源配置的整体性效率和长期性效率，实现最低限度的社会公平正义和可持续发展。

具体地说，宏观调控关系主要包括计划调控关系、财税调控关系、金融调控关系、产业调控关系、储备调控关系、涉外调控关系等。

4. 经济监督关系

经济监督关系是指为了贯彻落实各种宏观调控政策，政府各职能部门在行使具体经济管理职权中形成的经济关系。国家的宏观调控目标只有通过具体的微观管理活动，才能落到实处，才能变成现实生活的法。这些微观经济管理活动主要包括预算管理、统计监管、财政财务审计监管、税收征管、贸易管制、价格监督、技术监督、环境资源管理等。这些微观管理活动，有的是辅助性宏观调控行为，如统计监管通过对国民经济和社会发展情况进行统计调查和分析，为国家进行宏观调控提供基本的经济信息；财政财务审计监管通过财政收支的审计活动，维护财政经济秩序，保障各项财政资金的正常使用及财政政策的落实。有的则是对经济宏观调控政策的具体落实或补充，如税收征管就是通过税务管理和税款征收活动来保障财政收入的集聚和各项税收政策的实施。

（二）经济法的形成原因

1. 生产社会化与社会关系复杂化

生产社会化程度的提高，意味着在社会经济生活和直接生产过程中，人们的相互依赖性增强，且在生产的各部门、经济运行的各环节中人们的相互依赖性增强，从而使社会经济成为一个有机整体。

生活于社会经济中的每个经济主体，其活动有一定的独立性，又都具有社会性，从属于或受制于社会经济体，这决定了其经济行为也必然影响整个社会。在这样的社会经济条件下，社会经济关系也变得纷繁复杂，不仅有传统的、横向的、平等主体间的经济关系与管理中的纵向的不平等主体间的经济关系（主要是直接关系），也有行为主体与作为行为主体存在于社会经济中的社会整体的关系及与行为主体互依互补、交互作用而构成经济整体的其他主体的经济关系（主要是间接关系）。

社会关系的变化，特别是单个行为主体与社会整体既无直接关系，又同处于社会整体中的互依互补关系主体间的间接关系，使传统的以调整直接关系为目标的法律部门难以对这种新型社会关系进行调整，这就决定了需要新的法律部门——经济法对此进行调整。

可见，由生产社会化与社会关系复杂化所产生的对社会新经济关系调整的需要，是经济法产生的根本原因之一。

2. 生产社会化对统一权威的需要

生产的社会化引起社会经济关系的日趋复杂化，不仅表现为经济关系层次的多样化，而且因行为的外部性导致各层次、各种形式的经济关系相互交错，形成社会关系网络，社会关系不能再以简单的"横向""纵向"来概括。在这种错综复杂的网络关系中，如何使单个行为主体之间及其与社会整体之间的关系保持和谐，使整个社会经济持续稳定地发展，每个个体的利益得到较优实现，就需要一个统一的权威来协调。这个统一的权威不是任何个体或经济组织所能胜任的，只能由社会的最高组织形式——国家来充当。

现代国家的性质是一定区域内社会的总代表，担负着组织整个国民经济、为整体经济发展服务的义务。这是因为现代国家指称的是民主国家，其本意是主权在民，其政治运作形式是依宪行政，这就决定了其是行使一国的社会权利、作为整体利益的最佳代表。

可见，生产社会化要求统一权威来协调社会经济关系，而现代国家作为社会整体利益代表介入经济的合法性，是经济法产生的客观原因之一。

3. 整体主义与法治文化

19 世纪末 20 世纪初，整体主义观念在社会思想领域盛行，在法学中出现了从个体主义法理学到整体主义法理学的转变，可以说整体主义法理学对个体主义法理学做了部分修正。与此相应，国家在对个人权利的保护从政治权利及私权向经济权利、社会权利及文化权利转化，不仅注重对个人消极权利的保护，也重视对个人积极的基本权利（即公民的受益权）的保护。

另外，随着社会的发展、文明的进步，依宪行政的观念深入人心。在此法律文化背景下，政府的所有行为都被纳入法治轨道，对经济的调节也不例外。

4. 市场失灵与政府失灵

社会化意味着生产的大规模与细致的分工，也意味着协调的必要。自从社会化产生后就存在两种协调经济运行的方式，即组织协调与市场协调。不过，在不同的历史时期，这两种协调方式因社会生产力发展状况及社会经济制度、社会经济理念不同而受到不同程度的重视。

从经济进入资本主义阶段开始，经济调节方式经历了从以市场调节为主，到相对偏重国家（社会的最高组织形式）的调节，再到混合调节三个阶段，与此相应的经济法亦经历了从萌芽、发展到发达的历程，我们只要追溯前两种主要调节方式的各自缺陷，了解其融合的必然性，就可从另一侧面说明经济法产生的客观原因。

市场经济发展的历程说明，在自由竞争资本主义阶段，由于生产力相对落后，社会化程度不高，生产关系也相对简单，仅靠市场就可较好地协调经济的发展，与此相对应，出现了以个人自由主义思想为基础的"最小国家"观念。在此经济状况与社会经济观念下，对经济关系的法律调整只依民法为主的私法即可。随着市场经济的发展，社会经济关系日趋复杂，仅靠私法维护经济关系，再依市场自发调节社会经济关系的局限性日益凸显。其主要表现就是被称作"市场失灵"的公共产品供应不足、垄断产生、外部性不能内化、信息不对称、分配不公、经济周期性波动造成的破坏和浪费存在。这客观地对外在的与市场的干预经济的力量提出了要求，而这种力量主体在现代最好、最具合法性的形式是国家。

然而，政府干预经济的历史说明，政府也存在"失灵"的情况，其主要指政府运行效率低下、过度干预、公共产品供应不足及缺乏效率、政府不受产权约束、预算偏离社会需要、权力寻租。对"政府失灵"认识的深化及法治国家对政府干预经济的约束，使经济法从初创时只重克服"市场失灵"到对"市场失灵"与"政府失灵"克服的并重，从而完善了经济法的功能，彰显了经济法在现代法律体系中对经济调整不可替代的作用。正是从这一意义上讲，经济法就是国家干预经济的基本法律形式，可见"市场失灵"与"政府失灵"是经济法产生和完善的客观原因之一。

二、经济法与相关部门法的关系辨析

（一）经济法与民商法的关系辨析

"随着社会经济的发展，以需要国家干预的经济关系为调整对象的经济法应运而生。经济法作为一个新兴的法律部门，有着独立和不可替代的作用，同时，经济法与民商法也有着紧密的联系。"① 经济法与民商法的关系可从以下两个方面说明：一是区别，二是联系。

1. 经济法与民商法的区别

经济法与民商法的区别可以从以下两个层次说明：一是表层区别，二是深层区别。

（1）经济法与民商法的表层区别。

第一，主体意思的限度。民商法强调意思自由；经济法对意思自由有所限制。

第二，权利保护的特性。民商法平等保护所有主体；经济法因主体角色不同而给予不同对待。

第三，调整的关系层次。民商法注重微观经济关系；经济法注重宏观经济关系。

第四，目标内容。民商法主要重视经济目标；经济法兼顾经济目标、社会目标和生态目标。

第五，稳定程度。民商法稳定性强，变化不大；经济法稳定性弱，易变动。

第六，国际比较。民商法国际差异不大，全球趋同；经济法极具本国特色。

---

①陈莉娟.再论经济法与民商法的关系［J］.经营者，2017，31（3）：268，289.

（2）经济法与民商法的深层区别。这种区别源于哲学及社会理念的不同，具体包括以下三点内容。

第一，对主体的认知假设。民商法假设市场主体对交易标的拥有完全信息及认知能力，即拥有"完全理性"，因此是自身利益的最佳判断者；经济法则假设市场主体间存在信息偏差，加之经济情况变动不居，因此市场主体只有"有限理性"，其行为不一定对己有利。

第二，对社会构成的假设。民商法的哲学基础是自由主义，方法论基础是个体主义，因此民商法认为社会是一个人的简单加总，社会利益是个人利益之和；经济法的方法论基础是整体主义，认为社会是个有机体，有超越个体利益的社会整体利益。

第三，对政府与市场功能的假设。民商法基于国家与市民社会二元对立，国家外在于市场，因此市场是一个功能自足的体系；经济法则认为，"市场失灵"说明市场功能存在缺陷，而政府具有一定的克服"市场失灵"的功能，不过政府也会"失灵"，因此政府与市场须各自发挥其功能，经济才能正常运行。

2. 经济法与民商法的联系

经济法与民商法同是法律体系中的重要部门，它们在共同调整社会经济关系时有以下三点联系。

（1）调整范围交叉。民商法主要调整微观经济关系；经济法以调整宏观经济关系为主，也调整一些有害整体利益的微观经济关系。

（2）功能互补。民商法主要靠维护市场的正常运转发挥市场功能，而经济法主要靠克服"市场失灵"与"政府失灵"，发挥政府的功能。

（3）取向趋同。经济法和民商法的目的都是把社会经济调整到较理想的状态。

（二）经济法与行政法的关系辨析

1. 经济法与行政法的一般区别与联系

经济法与行政法的一般区别与联系，是经济法学界及行政法学界近年来从对两法的比较中产生的，主要体现在调整对象和调整方式两方面。

（1）调整对象的区别与联系。经济法与行政法共同规范政府干预经济的行为，即共同调整国家干预经济过程中形成的关系，这是它们的连接点。但在规范政府干预经济行为中，经济法侧重于从内容上规范，行政法则侧重于从形式上规范。可以说，两法的调整对象是内容与形式的关系。由于形式较单调固定，而内容较丰富多变，因此行政法相对稳定，而经济法则多变。

据此，经济法与行政法在共同规范政府干预经济行为时应有所分工，即政府干预经济行为的内容及与内容紧密联系的行为属经济法，其余应属行政法。

（2）调整方式的区别与联系。调整方式的选择取决于调整对象的法律要求。经济法与行政法在调整对象上的区别和联系，决定了它们在调整方式上有以下区别和联系。

第一，直接调整与间接调整。直接调整就是法律直接规定主体的权利和义务；间接调整则不直接对主体规定权利和义务，而是利用中间工具引导促成主体依法设定或实现权利和义务。行政法以直接调整为主，经济法以间接调整为主。

第二，弹性调整与刚性调整。弹性调整是指法律对当事人的约束留有一定的回旋余地，允许当事人在一定范围内选择。刚性调整是指法律对当事人的约束不留回旋余地，当事人必须遵守。行政法以刚性调整为主，经济法以弹性调整为主。

第三，共性调整与个性调整。共性调整指法律就一定范围内各种社会关系和行为所含的共性予以规范。个性调整则指法律就一定范围内各种社会关系和行为的个性予以规范。经济法以个性调整为主，而行政法以共性调整为主。

第四，实体调整与程序调整。实体调整指法律通过配置实体权利和义务，对特定的社会关系进行调整。程序调整指通过设计实现权利和义务的程序规则，对特定的社会关系进行调整。经济法以实体调整为主，而行政法以程序调整为主。

2. 经济法与行政法的精神区别与联系

所谓法律精神，是指隐含于法中的、决定法的本质特征和基本价值追求的文化观念，其中主要是由哲学、政治、宗教、历史、传统等所决定的文化观念。学术界把这种意义上的精神又分为科学精神与人文精神。科学精神重在发现和顺应自然规律，追求真；人文精神则关注人的道德情感、道德理想和人格等人文素质及人文修养的层面。

经济法的产生和发展说明，其主要是把主流经济学的一些观念法律化，而经济学是一种"科学叙事"，强调科学精神也就决定了以主流经济学观念为基础创设的经济法有浓厚的科学精神，尽管在将经济学观念法律化时会融入人文精神，但主流仍是科学精神。

行政法产生于18世纪资产阶级政权初创与巩固的过程中，其观念主要源于启蒙思想家的政治哲学及由此而来的法治理论，这些学说处处体现着对人的关怀，具有浓厚的人文精神。因此，有些行政法学者认为其是"受人文精神支配的理论体系"。

这种精神上的差异对两法其他方面都有影响，主要体现在以下两方面。

（1）国别异同方面。科学意味着只要具备相同条件，就会出现相同结果。市场经济因经济全球化而使各国趋同也导致各国市场规制法的趋同，竞争法就是最好的例证。而行政法则因国家不同而差异较大。

（2）理性程度方面。经济法的许多制度设计的优劣可以被证实，而行政法制度设计的优劣难以被证实。

第二节 经济法的基本原则与范畴

一、经济法的基本原则

（一）经济法基本原则的标准

经济法基本原则是经济法价值理念与经济法规则的连接点。经济法价值理念是对经济法本质属性的高度抽象，属于观念形态，如果没有经济法基本原则，就无法转换为现实形态；经济法的具体规则是具体情势下的行为模式，受具体情景的制约，有很强的封闭性和静态性，如果没有经济法基本原则，经济法规则会变得相互孤立、彼此脱节，无法形成一个有机整体，难以对现实生活的复杂样态做出有效回应，最终将导致远离"生活之树"的经济法之果凋落。可见，经济法基本原则具有传导经济法价值理念，生成、构造、集成经济法规范的功能意义。它不仅具有价值宣示意义，还是经济立法、执法、司法、守法等活动所必须遵循的根本行为准则。

目前，经济法学界在确定经济法基本原则与方法的标准问题上已基本形成共识。一般认为，构成一项经济法基本原则应同时具备以下三个条件。

1. 法律属性

经济法基本原则，应当具有法律规范的特性，属于法的原则性规范。所谓法律原则，就是指法律的根本真理或准则，是一种构成其他法律规则的基础或根源性的总括性原理或准则。它体现了法律价值，是生成、构建法律规范体系的灵魂，是法律推理和适用活动的准绳。因此，将法范畴之外的原则作为经济法的基本原则，会导致经济法法律属性的丧失。

2. 普遍属性

普遍属性，即经济法基本原则，应当贯穿经济法的全部实践过程，能够指导经济立法、执法、司法、守法活动，而非经济法实践中某一具体环节的指导思想和根本准则，也非经济法某一具体法律制度的基本原则，如财政预算法律制度中事权与财权相对称原则、财政均等化原则等。

3. 经济法属性

经济法基本原则应是经济法特有的原则，而非所有法律部门共同遵循的一般法律原则或是其他法律部门专有的原则。经济法基本原则的经济法属性是指，经济法基本原则一方面体现了经济法的独特价值取向，如社会经济整体效率、社会公平等；另一方面是有经济法权利义务运作特性或要求的，是能指导经济法实施的法律原则。离开经济法基本原则的经济法属性来谈经济法基本原则，就成了无源之水、无本之木，不但模糊了经济法与相邻部门法的界限，而且从根本上动摇了经济法作为独立法律部门的存在价值或合理性基础。

（二）经济法基本原则——合理干预原则

经济法基本原则高度体现了经济法诸价值目标和功能任务，规定了经济法权利义务基本运行特点的行为模式。它受经济法价值目标的规范，但并不等同于经济法价值，不能将经济法诸价值目标直接表述为经济法基本原则。经济法作为一种规则体系，必然要在现实经济社会生活中实现，形成经济社会生活中的具体行为模式。但是，由于经济法调整对象、价值目标的独特规定性，经济法具有不同于传统民法、行政法的社会本位法属性，这就决定了经济法的利益调整机制、权利义务的性质及其安排、运行的异质性。如民法、行政法是建立在公法与私法二元分离及市民社会与国家二元分离基础之上的。

换言之，在个人与国家的关系上，个人是具有独立思考、自我判断、自我负责能力的、具有个体人格利益和尊严的主体，国家作为一种"必要之恶"而存在，即通过创造和维系普遍的法律制度，赋予个人、社会以自由，同时将政治权力控制在合理的范围内，它体现了公共权力与私人自律之间相互制约的关系。具体地说，民法就是个人自由之法，强调个人在私人生活领域中的主体自足性。民法的调整对象就是享有广泛权利和自由的自治主体之间的基本财产关系和人身关系，因而其调整的基本机制是个人自治，基本原则是诚实信用、平等、自愿、等价有偿。而作为基本公法形态之一的行政法，其基本功能和价值目标是限制行政权力的滥用，维护弱小的个人。因此，行政法的基本调整机制是控制权力的不正当行使，其基本原则也相应定格在依法行政、合理行政上。

现代经济法与民法、行政法不同，不是建立在市民社会自律的基础之上的，而是建立在市民社会无法通过自律来实现秩序的经济、社会、生活领域里。在这一领域，社会经济与政治领域、经济市民与国家公民身份非但不是二元分离，而是合二为一的。因此，经济法的调整对象不是纯粹的私人关系，也不是纯粹的公法关系，而是公对私的关系，即具有社会公共性的社会关系。它具有社会整体性、宏观性、系统性，这决定了其基本的调整机制是国家通过公权力对某些损害社会整体效率与公平或者有损害之虞的行为或关系进行调节和控制，以便维护社会整体秩序，实现社会福利的最大化和最低限度的社会正义。但是，政治权力所固有的"野性"可能会使其脱离缰绳的羁绊，进而失去其正当合理性。因此，经济法必须通过对经济法权利义务的结构设计和具体安排，保持社会整体效率和公平目标，实现与国家干预之间的平衡，这也正是经济法的基本原则所在。换言之，经济法的基本原则就是合理干预原则。

合理干预原则是经济法本质特征的具体体现，是对国家与市场关系的理性判断。从某种程度上说，经济法就是国家调整市场关系之法，是为了适应国家对社会经济生活的干预而产生的一种法律形式。人们对国家与市场关系问题的认识，经历了从市场万能、有限政府到政府万能、"市场失灵"再到"政府失灵"、政府市场协同的辩证过程。从实践上看，也存在这种逻辑轨迹。

在自由资本主义时代，人们认为基于利己心，会在市场这只"无形之手"的引导下，不仅能实现个人利益最大化，而且能促进社会整体利益最大化。因此，这一时期国家对经济、社会、生活基本上不做干预，直至世界性经济危机的全面爆发。市场所积累的、无法克服的深层结构性矛盾不仅引发了经济运行的中断，而且引发了广泛的社会危机，甚至是毁灭性的人类灾难。

（三）经济法基本原则的解读

1. 干预的合法性

干预的合法性是法治原则对经济法的必然要求。经济法作为干预之法，其主要调整机制就是以政府权力来保护、促进或调节、控制某些社会关系或行为，它主要表现为公权力与私人关系的相互作用。法治实践证明，权力天然具有扩张性，如果不对权力加以控制，那么就极易对弱小的私人或市民社会造成侵害。政府的经济人特性及有限理性决定了其在干预权的供给或不供给、行使或不行使及如何行使等问题上，既不能做到先知先觉、完全理性，也不能保证其完全的中立性和大公无私，所以政府干预权的行使很可能会偏离经济法预设的方向和范围。

因此，必须将政府干预权控制在法律许可的范围内，不仅要使干预权主体法定，而且权力行使的条件、权力范围、权力行使方式、不正当行使权力的法律责任也都要有法可依。此外，干预权的行使还必须严格遵循法定程序，并从程序上保证干预权行使的正当性、合理性、科学性和民主性，这已成为各国的通行做法。

2. 干预的合目的性

国家干预经济的根本出发点是克服"市场失灵"，是通过国家对由于私人自治而导致的社会经济失序进行调节和控制，形成一种不同于个体秩序、高于个体秩序的社会整合秩序。个体秩序是自主的个体之间通过对自我利益的判断、安排和保护而形成的自发秩序，但是，这种秩序在超出一定范围时则变成了无秩序。例如，分散的个体决策可能导致各个体效益最大化，整体社会经济的总量失衡、结构失调，进而使整个宏观经济运行失范和混乱。又如，自由竞争可能导致垄断，垄断反过来限制竞争，成为竞争自由的独立存在，从而无法保障正常的竞争秩序。经济法就是要通过对个体秩序下的无序状态进行调整，从而形成社会整合秩序，即宏观经济运行秩序、竞争秩序、分配秩序和可持续发展的"天人"秩序和代际秩序，进而实现经济发展整体效率的可持续改善、最低限度的社会公平正义。

因此，合理干预必须具有合目的性，这是经济法本质特征的必然要求，是经济法价值目标和功能设计的自然延伸。凡超越经济法目标的干预都是违背经济法本质的，不具有目的正当性，因而是不合理的。

3. 干预的合效益性

根据公共选择理论，法律是一种能创造效用或负效用的公共物品，它与其他产品或服务一样具有价格，受供求关系影响，受成本收益约束。法律的成本是指法律在制定和实施过程中各种费用的总和，法律的收益则是指扣除法律成本之后所得到的全部净收益，这种收益不仅包括可计量的经济收益，也包括不可计量的各种政治收益、社会收益和伦理收益等具有抽象价值的收益。法律成本的高低或法律收益的高低是评价法律制度社会效果优劣的基本标准。因此，法律效益观本身就是法律的基本价值取向之一。制定一项法律能否满足人们的需要，能否为人们所遵守，很大程度上取决于人们对该项法律的成本与收益预期。收益大于成本，该项法律可能得到很好的实施；否则，人们可能会规避法律，甚至做出违法行为。

经济法作为社会本位法，强调的社会整体利益具有全局性、根本性、宏观性和长远性，因而它的调整机制不同于自治性调整机制，主要依靠国家专门机关的积极执法活动来实现，它是通过集体理性作出对权利、义务、责任的重新确认和分配来达到提高宏观经济运行质量、优化竞争环境、实现代际资源分配公平和社会公平正义。经济法的这种强制性供给机制对集体理性的过分依赖，可能导致经济法产品的无效率供给。这主要由经济法产品生产者的垄断性地位及其供给意愿和供给能力所决定。法律产品一般由国家机关垄断提供，可能造成经济法产品提供出现类似于垄断市场的供给低效率，如立法、执法、司法产品供给不足（产量不足），执法成本和守法成本高于执法者和守法者的支付能力（垄断定价），以及法律产品提供不注重提高效益，反而增加了费用，导致资源浪费等问题。

法律的供给意愿与供给能力常常与法律的需求不一致。经济法产品的提供者是国家机关，而国家机关作为"经济人"，只有制定和实施的法律有利于国家机关实现效用最大化时，国家机关才有法律供给的意愿。但是，国家机关的效用最大化并不一定追求对与其公共职能一致的社会公共目标的最大化，相反，国家机关常常优先考虑自身的特殊利益最大化，这样就会人为地扭曲法律的供给，而供给能力也受现存法律制度、法律技术、法律工作者素质及其他财产性资源状况的影响。

经济法资源配置的有效性还取决于供给决策的合理性，即通过合理计算来发现以最小的资源消耗满足对经济法产品的需要。因此，必须在掌握哪些方面需要什么样的经济法产品，提供该项经济法产品需要哪些资源及其相对稀缺程度，提供该项经济法产品的成本与产出比为多大等基础信息的情况下，理性地选择并作出判断。

因此，在经济法公共产品的供给上必须坚持科学的效益观，不仅要关心法律的效率问题，而且要关心法律产品的提供量与成本的比例关系，注重法律技术的改进，提高立法、执法、司法和守法效率，更要关注经济法的效益问题，那就是看经济法的制定和实施是否增加了社会成本，却没有实现经济法的价值目标。其基本要求如下：

（1）经济法产品的提供既要考虑消费者的需求意愿和支付能力，又要考虑国家机关现有的供给能力，尽量做到经济法产品提供的私人成本与社会成本相一致。

（2）经济法产品的总收益应大于总成本。当一些事关社会整体利益的抽象价值需要保护时，应优先于经济利益来考虑，如某一生态环境是非再生性的，一旦开发利用就将失去生态功能，哪怕该项开发具有再大的经济效益，也不应进行开发。

（3）改进法律技术，降低法律成本，提高法律效力。

二、经济法的基本范畴——经济自由

经济法中的经济自由指的是，在经济法所调控的范围内，采取各种市场调控手段，使市场主体在安全、健康的市场经济环境中进行各类市场交易行为，如投资、买卖等。基于此定义，经济法在市场交易活动中的作用便是利用宏观调控和市场规制的手段为市场交易主体创造安全、健康的市场交易环境，使参与市场交易活动的各类主体能在进行市场交易的行为中享受到最大限度的经济自由。

（一）经济法中经济自由的具体体现

1. 经济法对国家干预进行限制

根据当下的市场经济学说，国家对经济的调控与市场主体自由地参与经济活动都是促使经济健康发展的手段。经济法为调制主体对市场经济的干涉画出一条"底线",以明确的程序规范来规制主体的行为,以降低国家对经济市场调控的随意性和利己性,把国家干预经济行为侵害市场理性的危害性降至最低。因此,经济法要求国家对市场的干预行为应当随市场变化适度协调,在市场亦可施展效用的范畴内,应当赋予市场足够的自由,国家应作为一个"旁观者"的角色对其监控,将精力更多地投入"市场失灵"的领域。

当国家行为或所采用的方法并未使业绩提高或产生道德上可接受的收入分配时,"政府失灵"就会应运而生。只有在市场自主调节的前提下,才能有效地发挥调制主体在资源配置中的基础作用。如果政府的干涉打破了经济自由的藩篱,就将危害市场经济的安全和运行,经济法通过政府行为干预而实现经济自由的目的自然得不到实现。由此可见,经济法在赋予调制主体权利的同时,也要对其进行限制和监督,以使经济自由免遭调制主体干预行为的腐蚀和侵害。

2. 经济法的目的是保障经济自由

经济自由虽然是市场经济的一个基础性条件,在市场经济中地位不容小觑,但是经济自由在经济活动中面临"两个失灵"的风险,极易受到侵害,因此经济法应向其提供最大程度的保护。从经济法出现的体制分析,资本主义在其过度发展至垄断时期,只是靠市场自身机制来调节,而且僵化的法律部门并不能解决经济运行中的问题,放任的自由必然不会获得更多的经济自由,"经济人"基于"利己主义"对私利不加节制的肆意追逐使市场秩序形同虚设,进而使经济危机周期性爆发,国家干预在这时应当发挥其"看得见的手"的作用,以经济法为手段,基于对经济自由的保护而对市场经济活动进行合理干预。虽然经济法的这一行为解决了仅依靠市场自主调节所带来的矛盾和弊端,并明确了国家在市场活动中的作用,但由于公权力深入干涉了市场经济活动,对经济自由也有一定限制。当然,也正是由于经济法具有克服"两个失灵"的作用,其产生便是为了维护市场秩序以促进交易安全,而使市场主体获得经济自由。由此可见,经济自由的实现是经济法的重要使命。

(二)经济自由作为基本范畴的必要性分析

确定经济法的基本范畴,应根据其内在的主要矛盾与其他科学范畴一样确立其标准,为整个范畴体系提供推演的机制和逻辑开展的根据。此外,确定经济法的基本范畴,还必须使经济法自身逻辑与历史相一致,即范畴体系的逻辑结构与历史基础相一致。因此,确定经济法的基本范畴是贯穿整个系统推演的重要环节。

1. 经济自由体现了经济法的基本理念

经济法的理念是关于经济法产生、存在和发展的各种内在的规定性的归纳，是经济法制度的精神追求与灵魂，它反映了经济法的本质特征。经济法的理念有着社会本位的特征，而民法的理念是以个人为本位，行政法的理念则是以国家为本位。经济法与民法和行政法在基础上有根本区别，从本质上区别于以个人为本位的民法理念和以国家为本位的行政法理念。因此，经济法的基本范畴应当以经济法基本理念为目标，必须体现经济法所追求的基本价值和理念。而从经济法的定义上看，经济法本就是调节市场经济运行之法，而调节市场经济的目标则如前文所述，是为了保障经济自由的实现。由此看来，经济自由不仅体现经济法的基本理念，还是经济法立法所寻求的基本价值目标。

2. 经济自由体现了经济法自身逻辑与历史相一致

经济自由要求其逻辑与历史相统一，意在要求其内涵必须符合社会发展下的政治、经济和文化等各方面状况。简言之，经济自由在各个历史阶段都要与当时的社会状况相一致。基本范畴是一般范畴的根据，所以依据其所产生的各一般范畴与其逻辑应当是一致的。从形式理性来看，经济法的基本范畴体系的构建就是从其逻辑出发，联系其他问题，最终形成统一的逻辑体系的过程。

经济法形式的逻辑体系是公平、正义、自由，三者是经济法的根本理念或最高理念。其中，"自由"包括经济自由，而经济自由在整个历史发展中不仅贯穿始终，而且随着社会的发展变化而不断更新，不断与当时的社会背景相适应。从经济自由发展的历史来看，经济自由作为经济法自身逻辑不可或缺的一部分，与社会发展状况和背景基本一致，与民族、历史状况也基本一致。

3. 经济自由贯穿经济法整个学科体系

对经济法基本范畴的研究对中国经济法学科基础理论研究和构建其逻辑体系具有非常重要的意义。所以，经济法基本范畴的内容，不仅应当囊括经济法中各个部门法，而且要深入经济法的各个学科。而对于一个完整的学科体系来说，经济法的基本范畴应当在学科体系中起到骨架的作用，用经济法基本范畴建立经济法学的基本框架，在此基础上填充其他一般范畴，使其概括化和具体化。

在宏观经济领域，经济自由首先表现在政府定位方面。政府对经济的干预直接决定参与市场经济活动的调制受体的经济自由水平的高低。这就要求政府对经济的干预程度要在实现社会整体的经济自由的情况下给市场主体以最大的自由，同时在进行决策时应考虑民主意见，除此之外，还要使市场主体拥有独立的人格参与市场经济活动。为此，不能混淆国家的所有权和企业的财产权。

在微观市场领域，经济自由首先体现在市场主体参与市场经济活动的自由。这就要求经济法在市场准入的问题上简化程序和适当降低要求，使各市场主体都有机会参与市场经营活动，在市场经济活动中拥有平等的地位，有权根据自己的意愿对经营活动进行管理和决策，参与市场竞争。只有这样，才能活跃市场，促进经济稳健发展，才能实现经济法的根本目标。此外，还要扶持市场自治团体的发展。市场自治团体因其自身的专业性，对各行业的发展有着不容忽视的作用，运用市场自治团体来管理经济，不仅能充分吸收民意，也能为各行业提供更专业的管理服务，提高效率，避免政府过度干预的弊端。

在社会保障领域，经济自由主要体现在对劳动者的救助、保障和帮助上，各类社会保障法明确通过法条规定了对劳动者的各种帮助和救助，以保障其基本生活、工作需要，使其达到基本的财务自由。

（三）经济法中经济自由的内容划分

经济自由在经济法的演变史上经历过多次自由革命的冲击。经济自由在经济法上有了新的要求，对用"看得见的手"调节经济发展或是用"看不见的手"调节经济发展的选择和界定之间，在原来从两极走向辩证的基础上也有了新的要求。在当代，实现经济自由需要国家不过度干预经济活动。若市场经济运行出现问题，应先由市场进行自主调节，只有在市场无法自主调节时，才实行国家干预，这也是所谓辅助性原则的要求。因此，我国当今的经济法更为注重的是赋予经济法主体经济自由和保障其自由权利的行使，经济法在其保障自由的功能上，应采取以积极自由为主、消极自由为辅的形式。

积极自由在当今经济法中主要体现为实质上的自由，明确赋予经济法主体权利，并阐明其在经济法中被赋予的权利，即有权进行的行为，这也彰显了法律所具备的实质正义的价值标准。消极自由在现代经济法中主要体现为形式自由，这种形式自由在民商法中以确权性质的法律规范为基础。然而，私法的自由观不足以真正保障实现人人自由，经济法才是经济自由的"保护神"，因为经济法是直接规范国家干预市场行为的部门法，国家对经济自由的尊重、保障或者限制都应当受到经济法的约束，经济法也应当秉持保护经济自由的精神，确定国家干预市场的方式、程序和界限。以下对经济法在市场经济中经济行为的内容进行划分，将经济法中的经济自由分为经营自由、准入自由、消费自由和救济自由四个方面。

1. 经营自由

经营自由主要是指市场主体在经营行为上的选择自由，也就是一种经营管理上的自由。在此基础上，市场主体可以自由地选择经营方式和内容，或者自己感兴趣的职业。首先，从主体上看，经济法中的经营自由的主体与民商法是一致的，都是平等的自然人、法人和其他组织；其次，经营自由在经济法上是一种行为自由，即为一定行为的自由，主体有权选择从事何种职业去追求财富，以实现个人的社会价值，也是经营者对自身经营行为和经营方针的自主决定权；最后，经营自由是一种参与市场竞争的自由，在市场经营活动中，既包括经营者可以依法从事市场经营活动，以获得财产和实现价值的自由，也包括经营者在参与市场经营活动中与其他经营者相互竞争，以取得财富的自由。

经营自由在经济法基本范畴理论中是一个广义的概念，不仅包括狭义上的经营自由，即参与市场经营活动的自由，还包括竞争自由。经营自由和竞争自由都是作为经营者的市场主体所特有的自由权，都是为维持市场活动的经营者和消费者之间、经营者与经营者之间的能力均衡而赋予的自由权。

（1）狭义的经营自由。经营自由的本义是市场主体，也就是民商法主体，有权按照自己的自由意志去参与生产、经营和管理。赋予经营者经营自由是保证经营者参与市场经营活动的基本权利，也是构建市场经营活动的基本要素。以法律的形式规定经营者参与市场经营活动的合法性，使经营者在法律许可的范围内在市场中与消费者进行经营活动，自负盈亏，有助于提高经营者的积极性，让经营者基于私利的追逐参与市场经营活动。经营自由不仅体现在确认经营者经营活动的合法性，还体现在国家应为经营者的经营活动创造良好的市场条件，至少不影响其行使自身的自由权，对侵犯经营者经营自由的违法行为及时给予处罚等来规范市场秩序，这也是经济法作为市场经济"守夜人"角色的现实要求。

从经济自由的历史演变进程来看，经济自由的实现是在国家干预和放任自流的互相博弈中获得的，也就是主要依靠市场调节经济和国家干预的方式调节经济之间互相选择的过程。所以，为实现经营自由，经济法不仅对市场主体参与市场经营活动的行为进行规制，还对国家干预市场的行为进行限制。

（2）竞争自由。经济法中的竞争自由，专指在参与市场经营活动的主体间对追逐利益的竞争行为进行规制。竞争行为是市场经营活动中必不可少的行为之一，更是经营者在利益的驱使下所做的必然选择，而且，竞争的存在促进经营者和生产者基于节约成本、增加利益的考量，不断革新技术，缩短社会必要劳动时间。为了更好地发挥竞争行为在增强市场活力、保障市场主体积极性方面的作用，赋予市场主体相应的竞争自由显得十分必要。

市场主体对竞争自由的行使，不应受到国家行政行为等的过多干预。竞争行为是经营行为的一部分，竞争就是在经营行为中各显所长，或是创新经营方式，或是提高产品质量，消费者根据自身需要选择商品，市场主体都是为了完成更多销量，追逐更多利润，竞争是资源相互配置选择的过程，因此国家不应对其进行过多的干预。国家的过多干预使竞争行为受到限制，市场主体的积极性也会相应下降，这样一来，市场的活力便会减弱，市场调节经济的功能便不能得到很好的发挥。

除此之外，对竞争自由的限制有时使消费者买不到所需的商品。经济法作为市场经济的"守夜人"，不仅在经营自由中发挥着作用，在维护竞争自由中同样发挥着不可或缺的作用。竞争虽能增强市场活力，但若无法律的规制，人在利益的驱使下，竞争有时则会演变成恶性竞争，导致假冒伪劣产品充斥市场，以及侵害其他市场主体合法权益的现象发生，从而扰乱市场秩序。

为保护消费者和其他市场主体的合法权益，在市场主体侵犯其他主体的正常法益时，应对其进行相应的规制。经济法是国家法，基于其维护公共利益的属性，国家干预除对参与市场的不正当竞争行为进行规制以外，对参与市场竞争的商品在其种类和质量上也应当进行规制，甚至出于对部分物品本身危险性的考虑，若是进入市场会对国家利益或其他主体利益造成损害的，也不应让其进入市场。

经营自由作为一种权利，虽由民商法等私法主体掌握，但在宏观层面和微观层面上有着不可或缺的意义。在宏观层面上，经营自由能活跃市场经济秩序，使市场经济健康、茁壮地成长，加快资本在市场的周转速度，促进金融创新和产业革新，同时也有利于国家引导国民经济整体运行，促进经济增长；而在微观层面上，经营自由的价值体现在平等主体以自己的行为追求财富和创造个人价值的权利和机会，并且对促进市场经济秩序的形成和维护市场经济秩序的稳定具有积极作用。除此之外，经营自由是消费自由的基础，消费者消费自由的实现要以市场主体的经营自由为前提。

2. 准入自由

市场准入是政府维护市场经济秩序的手段，是其通过法律、行政法规等明确规定规制市场经济秩序的依据。随着我国改革开放的日益深入，社会主义市场经济体制也迅速完善起来，市场准入作为市场经济制度的一部分，在社会主义市场经济体制中占据重要地位。市场准入法律制度是指政府对市场主体进入特定市场（特定商品生产、项目、行业、产业、地域等）领域的规制（限制、禁止或控制）。由此可见，市场准入不仅对特定的行业或领域有严格要求，更为直接的是对从事特定行业或职业的受制主体有其各自的要求。

经济自由表现在市场准入规定中，主要的意义则为实现准入自由。市场准入自由并非指将进入市场的条件完全放开——完全放开并不能保证经济市场的安全，而是降低市场准入的门槛，使更多的市场主体参与市场经营活动，更多的市场主体参与市场经营活动也为实现经营自由和消费自由提供了制度保障。但准入自由与经营自由和消费自由的不同则在于：准入自由是经营者只有满足法律的规定才可进行市场经营活动，因此准入自由是国家干预经济的一种手段，实现准入自由要求国家少干预，是一种形式自由；而对于经营自由与消费自由，作为实质自由，其体现出规制市场的手段不仅有国家干预，还有市场在自主调节经济活动。

根据经济法主体中调制受体的不同，国家市场准入规则调制的对象主要是自然人和企业。因此，体现出的规则主要为专门职业许可和商业活动许可。前者主要是因行业的特殊性而对专业性有要求，从而对从业人员的专业技能有较高的要求；后者对商业活动进行准入的规定是为了保障经营者在市场上提供的商品的合法性和安全性，更好地保障消费者的合法权益，在一定条件下也保障了参与市场经营活动的其他市场主体的合法权益。

（1）专门职业许可。专门职业许可的对象是自然人，是对自然人从事一定职业的限制条件。对自然人从事特定职业许可的限制多发生在需要特殊职业技能的行业，而这些行业提供的产品或服务，与消费者的重大财产利益、生命财产安全和国家或社会的公共利益交织在一起，如律师、医生等职业。专门职业许可的出现在经济法协调市场和调节国民经济发展的领域自有其正当性。

（2）商业活动许可。从事商业活动的许可针对的是从事特定商业活动的企业，在从事商业活动时须申领营业执照，并不是对特定职业进行限制，在市场上从事商业活动面向的是广大消费者，关系到的是公共利益，因此对从事商业活动的许可要从公益的正当性去论述。

第一，信息问题、情境性垄断与家长主义。消费者购买商品所获得的信息多来自经营者，信息的真假难以确定。除此之外，对信息的理解也因人而异，将信息纳入许可体系，使消费者获取正确的信息，也使消费者能正确地理解信息，从而进行消费活动，有助于实现消费自由。情境性垄断多指向出租车市场，若不对出租车行业进行许可，则限制了消费者的自由选择权，同样不利于实现消费自由。家长主义针对的行业多是关系国民生命财产安全的商业活动，将此类商业活动纳入许可体系不仅是出于保护消费者生命财产安全的考量，有时也关系到第三方的利益或社会公共利益。例如，将烟草的经营纳入许可体系，不仅是出于对消费者自身身体健康的保护，同时也是对被动吸烟者身体健康的保护。除此之外，博彩业、药品等许可体系也都体现了家长主义是通过完善许可体系而对公共利益进行保护。

第二，外部性的问题。商业活动许可所针对的外部性问题的出现多是由商业活动引发的。商业活动引发的外部性问题多种多样，主要包括自然性问题（如自然资源枯竭）、社会问题（如各种违法犯罪行为的发生）。除此之外，对商业活动的许可也与社会成本相联系，事前的许可和批准与事后的惩罚和治理之间，所产生的社会成本多少的比较和衡量也是考虑公益外部性问题的重要参考因素，事前许可的出现可能会形成有效的激励机制，有减少社会风险和预防犯罪行为发生的功效。

　　我国实行社会主义市场经济体制，在促进国民经济又好又快发展的前提下，市场秩序虽然需要维护，须对进入市场的企业和产品甚至劳动者进行监管，但对市场准入进行过多的限制，必然不利于自由贸易的发展，产品和资本的自由流动也限制了产品的多样化供给，导致市场供给难以满足消费者对产品的多样化需求，从而限制经济的增长，阻碍社会的进步。因此，给予市场经济活动的参与者及在市场上流通的产品和资本以足够的自由是活跃社会主义市场经济、促进产品和资本流动与满足消费者多样化需求的重要因素。除此之外，对市场准入进行过多的限制有时并不利于促进就业。取消对某些行业的准入限制或者对产品的限制，有时对产业结构的优化升级、促进新兴产业发展、带动劳动就业具有积极作用。

　　3. 消费自由

　　消费自由是参与市场经济活动的消费者所特有的权利，是消费者各自选购自己所喜爱的商品或服务的自由。消费者在市场经济中，根据自身需要选择商品不应受到过多的限制——无论是来自消费者还是来自国家的限制，经济法应为消费者在市场的消费行为创造良好的消费环境。消费自由与经营自由既相互衔接，又相互依赖，经营者根据不同消费者的需求来选择经营的方式、商品的种类和质量等，这是在消费者享有消费自由的基础上才能达到的。同样地，消费自由的实现也是以经营自由为基础，若不能实现经营自由，那么消费自由的实现自然也就无从谈起。因此，在实现市场经济自由时，除了保障消费者的合法权益以外，还应当适度地开放市场，引进多样商品和服务，以满足消费者的消费需求。所以，必须做到兼顾消费自由与经营自由才能真正达到实质自由。

　　(1)《中华人民共和国消费者权益保护法》（以下简称《消费者权益保护法》）中的消费自由。在经济法中，消费者消费自由主要体现在《消费者权益保护法》中。《消费者权益保护法》对消费者参与市场活动的消费自由的权利作出明确的规定，明确了消费者在消费活动中应享有的权利和应承担的义务，也对侵犯消费者合法权益的行为提供了救济手段，因此《消费者权益保护法》主要是为保证消费者在消费活动中的自由选购权、最终决定权及因消费活动而受损失的求偿权而存在的。除了《消费者权益保护法》，经济法领域许多部门法的部分规定也是为了保护消费者的合法权益而存在的，如《中华人民共和国产品质量法》（以下简称《产品质量法》）中对产品提供者提供的产品质量作出明确的规定，制定了许多标准，如对各种产品的包装、产地、制作工艺等都进行了明确的规定，主要是保护消费者的合法权益，保障其购买的产品的安全性、真实性和实用性。

　　(2) 交易中的消费自由。消费者的消费自由还存在于市场中商品的提供上。市场上提供的商品若能满足消费者的需求，才能增加消费需求，激发市场活力，进而促进经济发展。但在市场中，消费者由于自身情况的不同，对商品的种类和服务的需求也不尽相同。在此情况下，迎合消费者的消费需求就要根据消费者的不同需求提供各式各样的商品，应开放市场，保证经营者的经营自由，生产或引进多种商品，创新服务，使消费者有更广阔的选择空间，以达到消费自由。另外，只有通过竞争自由才能保证消费自由。如果没有消费自由，"只此一家，别无他店"，强买强卖，这正是没有竞争自由的结果和表现。可见，竞争自由与消费自由互为表里，互为因果。为了消费自由才要竞争自由，两者是目的与手段的关系。

（3）消费自由应受到一定限制。消费是一种社会性活动，是通过社会合作的形式实现的，消费个体在消费过程中必须处理好各种社会关系。虽然保证经营自由和消费自由在市场经济中能起到积极作用，但不能无限放大自由的边界，二者始终是由法律赋予的自由，具有和法律自由一样的性质，即二者都是一种相对自由。因此，二者自由权的行使，必然要受到一定的限制。由于法律保护公共利益的属性，特殊商品或服务的交易条件必须在规范限制下，如商品的数量和质量及运输条件的限制。

消费是满足人们基本生活需求必不可少的行为，也是市场经济活动的主要功能。因此，消费自由在市场经济活动中的价值不可小觑，尤其是在我国实行社会主义市场经济体制的前提下，每个市场经济活动的参与者都应享有消费自由的权利，消费自由是每个消费者维持正常生活必不可少的自由。因此，对消费自由的保护始终是经济法立法漫长且艰巨的任务。

4. 救济自由

在市场经济活动中，行使救济自由的情况并不一定会出现，前提是自己的合法权益在市场经济活动中受到侵害，并且受到的侵害是由法律规定的，才可以行使自身的救济自由权利。

救济自由是经济自由中的一种形式自由，与市场准入自由一样，其出现的价值也是为了保障经营自由和消费自由权利的行使。救济自由是在经营者或消费者参与市场经济活动时，自身权益受到不法侵害而寻求经济法赋予其救济手段的自由。救济自由并不一定都在经济法中实现，一般是以诉讼法为手段、以实体法为依归的，实体法不限于经济法。比如，酒店提供服务的安保义务，以民事诉讼法为媒介，所参照的具体规定则是民法中的法律规定；购买商品时强买强卖情况的出现有时会造成人身伤害的情况，此时，实现救济自由就要以刑事诉讼法为手段，以刑法的具体规定为依归。

而救济自由在经济法上的反映主要从经济法主体的视角来阐述，不同的主体所享受的救济自由也有所差异。从调制主体和调制受体的角度来看，由于调制主体在经济法中代表的是行政机关，代表的是国家行政权力，为调控市场经济活动中强势的一方，因此经济法主体不享有救济自由的相关权利；而调制受体主要分为自然人和企业，在这里按照市场交易活动的主体来进行划分，将其划分为经营者和消费者，对于二者的救济自由包含以下两个层次的内容：第一层次是指市场主体在自身经济自由受到侵害时有选择寻求法律救济的权利；第二层次指的是寻求救济的主体采用何种方式进行法律救济，这就对救济方式有了要求，要求提供更多或更合理的救济方式，使其合法权益得到维护，经济自由受到保护。按照调制受体中经营者和消费者的划分方式，主要从以下两个方面对第二层次的内容进行阐述。

（1）经营者的救济自由。经营者在参与市场交易、进行商业活动的过程中，合法权益受到侵害的情况主要是其自身所享有的经营自由受到侵害而寻求救济。经营者在市场交易活动中，其行为的相对方是消费者。而在市场交易活动中，相对于消费者来说，经营者则处于强势地位，因此消费者侵犯经营者经营自由的情况少之又少，即便存在，大多也不是在经济法规制的范围内，故此处不详细阐述。因此，经营者经营自由受到侵害的情况主要来自作为经济法调制主体的行政机关及其他经营者的不法侵害。

经营者因行政主体的"行政垄断行为"是产生救济行为的主要原因。行政垄断是行政主体违反依法行政或合理行政原则，为了本部门的利益，或"违法地图利他人"而利用公权力的威力，人为地割裂市场、干预经济的违法行政行为。我国政府在运用宏观调控手段实施产业政策时，应当根据人民代表大会的批准进行预算和决算，并对行业进行补贴，以扶持行业和区域经济发展。

对于补贴在行业内实行的具体措施，政府并未提出妥当的方法。一方面，政府在补贴时并未落实平等原则，不但直接补贴给竞争性行业，而且并未补贴给该行业的所有企业，只是选择性地补贴给某个或某几个企业；另一方面，政府在补贴时也未落实公平原则，在选择补贴对象时，政府会选择本来就有强大经济支撑的国有企业，这样会使本就处于弱势的私营企业举步维艰。为应对该种情况，《中华人民共和国反垄断法》（以下简称《反垄断法》）对政府等行政机关的行政垄断行为作出明确规定，经营者遭遇行政垄断行为，包括行政垄断行为损害的市场主体，都有权寻求法律救济。而寻求法律救济的主要方式，在当下主要依靠行政诉讼来实现。

经营者之间由于相互竞争而产生市场经济，经营者之间相互侵害对方权利的行为时有发生，权利受到侵害的经营者寻求救济便成为其维权的必经之路。对经营者之间经营行为所引发的侵权行为的救济问题，在民商法中对平等主体之间的权利和义务也作过规定，并在民法等私法领域对侵权责任的问题也作出具体的规定；在商法中，也对经营者参与市场经营的行为作了具体的规范，也规定了法律责任，是经营者寻求救济的依据。而在经济法领域，对经营者之间救济自由的依据多见于《中华人民共和国反不正当竞争法》（以下简称《反不正当竞争法》），在其具体法条中不仅对"不正当竞争行为"的种类作了明确界定，而且规定了不正当竞争行为的法律责任，为经营者寻求救济提供可靠途径的同时，也对行政机关和司法机关提供了追责机制。

（2）消费者的救济自由。消费者是参与市场经济活动中市场交易行为的弱者，因此在其参与市场交易活动的过程中，面对拥有资金优势的经营者，其权利容易受到不法侵害，对消费者救济行为进行具体的规定也就成为经济法实现其公平价值的重要课题。经济法中对消费者救济自由主要由《消费者权益保护法》进行具体规定，在其法条的具体规定中为消费者提供了多种方式维护其合法权益，以保障自身救济自由得以实现，如投诉、和解、仲裁、诉讼等。除《消费者权益保护法》外，对消费者遭受产品质量问题的侵害进行救济在《产品质量法》中也有明确规定，赋予了消费者依靠司法手段维护合法权益的权利。除此之外，在消费者的合法权益受到侵害时，消费者既可以依据《消费者权益保护法》的规定要求经营者承担侵害其作为消费者合法权益的责任，也可以依据民商法等私法的规定，要求经营者承担违约责任或侵权责任，这也是对消费者救济自由进行保障的规定。

救济自由是参与市场经济活动的双方主体都应享有的权利，它提供了当主体权利受到侵害时依靠法律寻求救济的手段，也赋予了主体对救济方式的选择权，所以救济自由也是实现经济自由的保障。除此之外，救济自由对社会公平价值的维护具有十分重要的意义，完善的救济措施可使受侵害方的权利得到维护。同时，公平价值的实现对维护市场经济秩序也具有十分重要的作用，受侵害一方通过法律手段得到救济，便可减少其对自力救济的追逐，有利于社会稳定和市场秩序的平稳运行，也是经济法的内涵价值之所在。

第三节　经济法的制定与实施

一、经济法的制定

经济法的制定也称经济法的立法，有广义与狭义之分。广义的经济法的制定，是指国家机关依照法定权限和程序，创制、认可、修改和废止经济法法律规范的活动；狭义的经济法的制定，仅指国家最高权力机构及其常设机构依照法定权限和程序，创制、认可、修改和废止经济法法律规范的活动。

经济法的创制，是指具有立法权的国家机关依照宪法或法律规定将新的经济法法律规范纳入经济法体系，即创设新的法律规范的活动；经济法的认可，是指具有立法权的国家机关，对于已经存在的经济生活方面的社会规范予以承认和许可其存在，并使其具有法律效力的活动；经济法的修改，是指具有立法权的国家机关对原已生效的经济法法律规范，予以部分变更，即从内容上进行增删的活动；经济法的废止，是指国家立法机关终止现行经济法法律规范效力的活动。

经济法的制定是形成经济法法律规范的一种国家活动，是经济法调整机制发挥其规范功能和社会功能的前提条件。经济法法律体系的完善、经济法法律体系作用的特点及经济法法律规范调整的法律效果和社会效果等，在很大程度上取决于经济法的制定。只有积极地进行经济法"废、改、立"的工作，才能保持经济法体系的和谐统一，才能不断地适应现实生活的需要。

经济法的制定与经济立法在内涵和外延上都不相同。在党的文件和社会经济生活中经常使用"经济立法"这一概念，它是在非常宽泛的意义上使用的，即包括所有有关经济生活方面的立法或法律法规，而经济法的制定仅指经济法法律规范的制定。"在法治建设的新时期，经济法的立法路径如何选择，事关整体法治的完善和发展。"① 因此，经济法的制定与经济立法是一种种属关系，经济立法是上位概念，经济法的制定则是下位概念，经济法的制定只是经济立法的一部分。之所以如此，是因为经济法只调整国家为实现社会经济整合秩序而在干预过程中形成的社会公共性的经济关系，而非全部的经济关系。经济法的调整对象决定了经济法的制定与经济立法在内涵和外延上的区别。

（一）立法体制

立法体制就是关于立法权配置的制度，即立法机构设置及其相互关系的制度。经济法立法体制是立法体制的重要组成部分，是指依法享有经济法立法权限的各种国家机构的设置及其立法权限的划分，经济法立法权的运行及其在运行过程中形成的经济领域立法机构之间的相互关系也属于这一体制范畴，以及由此产生的经济法规范之间的效力层级关系。因此，科学的立法体制是明确立法机关的职权和地位，以及各立法机关的职权划分的制度保障，是维护法制统一和尊严的必然要求。

受不同国家的国体、政体和法律文化传统差异的影响，各国的经济法立法体制呈现出不同的特点。单一制国家多实行一元制立法体制，即从中央到地方，有着统一的宪法和以宪法为核心的上下层级关系清楚、服从关系明确的法律体系。联邦制国家多实行多元制立

---

① 张守文. 经济法的立法路径选择［J］. 现代法学，2023，45（1）：118-131.

法体制，即它不仅有整个联邦宪法和联邦法律，各个联邦成员国或者州还有自己的一套相应的法律体系。此外，从各国的立法实践来看，国家的立法权一般属于最高国家权力机关，但是由于社会经济生活的日益复杂化及专业分工的细化，国家行政部门的职能迅速扩张，逐渐打破了三权分立政治体制中立法权与行政权的平衡，使立法权与行政权的界限变得模糊起来，出现了大量的授权立法或委任立法的现象，即由国家最高权力机关根据需要授权国家行政机关制定行政法规或规章。

根据现行《中华人民共和国宪法》（以下简称《宪法》）和《中华人民共和国立法法》的规定，我国实行一元制分级立法体制。换言之，我国的法制是统一的一元化体系，在保证全国法制统一的前提下，又兼顾地方的立法积极性。反映到经济法的立法体制上，具体表现在以下三个方面。

第一，全国人民代表大会负责制定和修改经济法领域的基本法律，改变或者撤销全国人大常委会不适当的决定。全国人大常委会负责制定或修改除应当由全国人大制定的基本经济法法律以外的经济法法律，在全国人大闭会期间，对全国人大制定的经济法法律进行部分补充和修改，但不得与该法律的基本原则相抵触，撤销国务院和省级地方权力机关制定的同《宪法》、法律相抵触的行政法规、决定、命令或地方性法规和决议。此外，全国人大常委会还负责解释经济法法律。目前，我国的大部分经济法法律是由全国人大常委会制定的。

第二，国务院根据《宪法》和经济法法律制定经济法领域的行政法规，规定行政措施，发布有关决定和命令，改变和撤销各部委发布的不适当的命令、指示和规章及地方各级行政机关发布的不适当的决定和命令；国务院有权向全国人大或全国人大常委会提出法律议案。此外，考虑到我国尚处于重大的经济变革和社会转型时期，经济改革的成果还难以完全上升为基本法律，但实践中又不能无法可依，因此《宪法》规定国务院行使全国人大及其常委会授予的其他职权。国务院在必要时可以根据《宪法》，在同有关法律和全国人大及其常委会的有关决定的基本原则不相抵触的前提下，制定有关的规定或条例，但应报全国人大常委会备案。经过实践检验，条件成熟时由全国人大或者全国人大常委会制定法律。

国务院各部委根据法律和国务院的行政法规、决定、命令，在本部门的权限内，发布命令、指示和规章。

第三，地方各级人民代表大会在本行政区域内，依照法律规定的权限，通过和发布决议，省、自治区、直辖市的人民代表大会及其常务委员会，在不同《宪法》、法律、行政法规相抵触的情况下，可以制定地方性法规，报全国人大备案。省、自治区的人民政府所在地的市和经国务院批准的较大的市的人民代表大会在法定条件下也可以制定地方性法规。此外，地方各级人大还有权改变或撤销本级人大常委会不适当的决定，地方各级人大常委会有权撤销本级人民政府发布的不适当的决定和命令，撤销下一级人民代表大会不适当的决议。

民族自治地方的人民代表大会有权依照当地民族的政治、经济和文化特点，制定自治条例和单行条例。自治区的自治条例和单行条例，报全国人大常委会批准后生效。自治州、自治县的自治条例和单行条例，报省或自治区人大常委会批准后生效，并报全国人大常委会备案。

县级以上地方各级政府依照法律规定的权限在本行政区域内发布决定和命令，有权改变或撤销所属各工作部门和下级人民政府发布的不适当的决定。省、自治区、直辖市及省、自治区的人民政府所在地的市和经国务院批准的较大的市的人民政府，可以依照法律和行政法规制定行政规章。县级以上人民政府的下属部门可以发布命令和指示。

（二）立法程序

经济法立法程序是指具有立法权的国家机关在创制、认可、修改和废除经济法法律或规范性法律文件时应遵循的活动方式和步骤。

如果说立法体制从静态上规定了经济法立法权在中央与地方之间的纵向配置和在权力机关与行政机关、行政机关与行政机关之间的横向配置，规定了各不相同的具有立法权的机关之间的立法权限及其各自在权限范围内立法的效力层次关系，为促进经济法立法体系的和谐统一、维护经济法体系的统一提供了实体上的制度保障。立法程序则从动态上规定立法活动的具体方式和步骤，从程序上保证立法权限的正当行使和规范运行，进而保证经济法立法的科学性、系统性。

经济法的制定基本上可以划分为三个阶段，即经济法制定的准备阶段、经济法的形成或确立阶段和经济法的完备阶段。

第一阶段，经济法制定的准备阶段。立法是一种重要的稀缺资源，要保证立法的科学性，必须进行科学的立法预测和规划。在具体制定法律时，应充分做好前期的准备工作，包括立法参与人员的选择、法案的形成和拟订及法律草案的拟订和论证等。

第二阶段，经济法的形成或确立阶段。这一阶段一般经过法律议案的提出和审议、法律草案的审议、法律草案的通过和法律的公布等四个阶段，都是非常程式化的活动，其中每个阶段都有具体的程序要求。这一阶段直接将国家意志转化为法律形式，因而是经济法制定的核心阶段。

第三阶段，经济法的完备阶段。这一阶段包括经济法的修改、废除、解释及经济法的系统化等，主要是从内容和形式上维护经济法体系的完整性、协调性、有机性。

二、经济法的实施

（一）经济法实施的概念

法的制定和实施是实现法治的必然环节。经济法的制定是把客观的经济要求和其他社会要求转化为国家意志的活动，是一个"物质变精神"的过程，而经济法的实施则是把体现在法律规范中的国家意志转化为现实社会经济行为的活动，是一个"精神变物质"的过程。

所谓经济法的实施，是指经济法在社会经济生活中的实现。它是将经济法法律规范所创设的抽象行为模式转变为人们具体行为的环节，是将纸上的、处于应然状态的法律转变为生活中的、实然状态的法律的环节。

一个国家的经济法法制状态如何，首先要考察其有无完备的经济法立法和健全的经济法法律体系，但更重要的是经济法的实施情况。如果包含在法律规定部分中的"应当是这样"的内容仍停留在纸上，而不影响人的行为，那么法律只是一种神话而非现实。只有通过经济法的实施，才能实现经济法的价值功能和预期目标。有法不依、执法不严、违法不究，不仅无法实现经济法的应有功能，反而从根本上破坏了经济法的权威。因此，经济法的生命在于它的实施。

（二）经济法的实施形式

经济法的实施主要有三种基本形式，即经济法的遵守、经济法的执行和经济法的适用。

1. 经济法的遵守

经济法的遵守，就是依法为法。"法于法"，是指公民、社会组织和国家机关以法律为自己的行为准则，依照法律行使权利，履行义务。经济法的遵守，就是指参与国家干预经济活动中形成的经济关系的自然人、社会经济组织或国家机关，积极行使经济法权利，自觉遵守经济法的禁止性规范，履行经济法规定的消极不作为的义务和积极作为的义务。

2. 经济法的执行

经济法的执行又称经济法执法，是指国家行政机关及其工作人员依照法定职权和程序，履行职责，实施经济法法律的活动。经济法是国家干预经济之法，其根本的调整机制是国家通过公权力对私人领域的干预，引导、促进符合经济法价值取向的私人行为或禁止、限制不符合经济法目标的行为，以形成社会经济整合秩序。在现代国家，政府享有广泛的经济职权，不仅具有传统的行政执法功能，还享有立法创议权，可以根据国家权力机关的授权进行经济方面的立法活动。此外，有些执法机关，如反垄断机构等还往往享有准司法权，具有很强的独立性。这就突破了传统的三权分立与制衡体制，使国家在公共权力体系中处于中心和主导地位。政府广泛的经济管理职能决定了经济法执法在经济法实施中的主导地位。

此外，经济法又是具有高度专业性、技术性和知识性的法律部门，其调整的社会关系关乎国民经济的整体运行质量、竞争秩序和可持续发展，其调整的范围之广、关系之复杂、方法之多样是任何其他部门法所无法比拟的，加上经济法所调整的具体经济行为及其对经济生活的影响具有多变性，因而要求经济法能对其进行快速及时的调整。而行政机关集中的决策机制及集聚着管理现代社会所需的各类专门人才的体制和人力资源优势，则能较好地适应经济法调整经济关系的需要。经济法执法是保障经济法得以顺利实施的基本手段。

3. 经济法的适用

经济法的适用也称经济法司法，是指国家司法机关根据法定职权和程序，具体运用经济法法律处理案件的专门活动。对社会关系的法律调整仅有法律的一般规定是不够的，必须把针对某一类情况、某一类人的经济法法律规范转化为针对具体情况、具体人的规范。只有通过个别性地运用司法权力的法律活动，将法律规范运用到具体的人或事，才能实现经济法的规范功能与社会功能。经济法司法就是要根据具体行为的经济法违法性，通过对违法主体经济责任的认定及相应制裁措施的适用，使受到损害的经济关系得到一定程度的补救，并通过法律制裁的威慑作用，警示、教育其他人，以防止该类行为的再次发生。

但是，经济法实施的三种基本形式并不是相互孤立、彼此割裂的，而是相互联结、共同作用于经济法实施的有机整体。经济法的遵守是经济法执法和司法的前提条件，只有绝大多数人遵守经济法，经济法执法、司法才有现实基础。如果没有人遵守经济法，那么经济法执法、司法就成为空中楼阁，其社会成本将会极其昂贵，最终导致无法进行经济法的执法、司法。经济法的执法、司法是遵守经济法的保障，没有经济法的执法、司法，就没有经济法实施的强制力量，也就无法保证经济法的遵守。经济法的司法对于经济法的遵守、执法而言，则从程序上保证经济法主体的各项经济权利的正当行使及权利受到侵害时的救济。

第四节　经济法主体责任制度

经济法主体指直接参与国民经济管理活动、从事生产经营和消费活动、享受经济法权利（权力）和承担经济法义务（职责）的社会实体。

社会实体是组成社会的基本单位，其范围非常广泛，包括国家、国家机关、社会经济组织、自然人等，社会的发展将使社会实体的形式逐渐丰富和多样化。经济法主体的范围是一个动态范畴，它可能随着社会实体范围的扩大而扩大。在本书中，经济法主体专指参与国家依法干预本国经济运行过程中的社会实体。

由于同一社会实体可以同时处在不同的法律关系中，因而经济法主体也可以同时以民法主体或行政法主体等身份出现，这是由社会实体的多重身份性和社会关系的错综复杂性决定的。例如，某一国家机关，它可在实施调控经济职能时以经济法主体身份出现，也可同时在接受行政复议申请进行行政复议活动时以行政法主体身份出现。

总之，经济法调整的是国家干预本国经济运行过程中发生的社会经济关系，而经济法主体正是这种特定经济关系构成的基本要素，是该经济活动的直接参与者，是经济关系中最积极、最活跃的因素。

一、经济法主体责任的含义

经济法主体责任简称经济法责任，是指经济法主体因违反经济法而应当承担的不利于自己的法律后果。换言之，经济法主体之所以要承担经济法责任，是因为其在国家干预社会经济的过程中违反了经济法。需要说明的是，"经济法责任"不同于"经济责任"，后者通常是指行为人因违反法定或约定义务而以财产给付的方式承担法律责任。

由于经济法是以"社会本位"为价值取向的，因此，经济法主体责任的性质较多地体现为一种向社会承担的责任，属于"社会责任"，而不是相对于个人的责任，这与以"个人本位"为价值取向的民法所规定的法律责任不同。

经济法主体责任大多需要通过法定义务主体自觉履行第一性义务而得以体现，只有在行为人违反第一性义务的情形下才会产生第二性义务，而第二性义务则要通过其他责任方式（如民事责任、行政责任、刑事责任）的落实来实现。在这里，第一性义务是指法律直接规定的义务；第二性义务是指违反法律规定所带来的必须依照有关生效的决定、判决、裁定而应当履行的义务，第二性义务是第一性义务的派生义务。

经济法主体依照经济法的规定，遵守经济法法律规范，就是履行了经济法的义务，就是对整个社会经济秩序的遵守。例如，《中华人民共和国价格法》（以下简称《价格法》）对价格管理方面所作的规定，就明确了经济法主体的义务，违反规定的经济法主体就要承担相应的经济法责任。

二、经济法主体责任的类型

（一）经济管理行为责任

经济管理行为责任，是指违反经济法所规定的经济管理职责和义务的国家经济管理机关，以其经济管理行为受到某种限制为代价的后果，具体包括纠正、调整其错误行为，减轻、补救其错误行为所造成的损害等形式。承担这种责任的只有国家经济管理机关及其工作人员。

经济法大多是通过对国家经济管理机关的约束来实现国家干预经济的最终目的，因此国家经济管理机关能否遵守经济法的有关规定，成为社会经济秩序健康发展的关键。国家经济管理机关的任何管理失职、越权干预、操作程序违法，均属于违反经济法规定，都要承担相应的责任。

（二）经济活动行为责任

经济活动行为责任是指经济法活动主体在经济活动中，其行为违反了经济法的禁止性或限制性规定而应当承担的法律后果。

为了维护社会经济秩序、保障国家经济的健康发展，国家通过制定经济法法律规范的方式对经济活动主体的某些经济活动行为加以禁止或限制。对责任人经济活动行为的限制，适用的对象为国家干预经济活动中的被管理对象，即经济活动主体，通过落实经济活动行为责任来防止经济活动主体继续从事违法活动。

（三）财产或者经济利益补偿责任

财产或者经济利益补偿责任简称经济责任，指经济法主体违反经济法，给相对人造成财产损失或者经济利益损害时，应当承担财产或经济利益补偿的后果。

（四）信誉责任

信誉责任指经济法主体因违反经济法而承担的将其违法行为公之于众，从而引起社会关注、警戒和监督的不利后果。

　　信誉是社会成员在长期同他人交往过程中形成的信用和声誉，属于社会成员的一种无形的资源。将经济法主体的违法行为公之于众，不但可以有效惩戒违法行为者，也可对其他经济法主体起到警示作用。

第二章　现代企业法律制度

第一节　《公司法》及其基本制度

一、公司的特征和分类

（一）公司的特征

公司是依法定程序设立、以营利为目的的社团法人。《中华人民共和国公司法》（以下简称《公司法》）规定，公司是企业法人，有独立的法人财产，享有法人财产权。法人是与自然人并列的一类民商事主体，具有独立的主体性资格，具有法律主体所要求的权利能力与行为能力，能够以自己的名义从事民商事活动并以自己的财产对公司的债务承担责任。

1. 专门管理

现代公司基本实现了所有权和经营权的分离，股东在相当程度上脱离了公司的管理，职业经理人负责公司的经营管理。一般而言，《公司法》将公司的经营管理权赋予董事会。董事虽然由股东选举产生，但相当多的董事并非股东，他们专门负责公司的经营管理。通常，董事会聘任经理负责具体管理公司事务，其结果就是董事会和经理层拥有公司的经营管理权。

为了防范经营管理权的滥用，各国均设置了相应的监督机制。通常，英美法系国家设立独立董事，而大陆法系国家设立监事。这样一来，在现代公司中就形成了独特的治理结构：股东拥有重大决策、选举管理者的权利，不过无法直接干预公司的经营管理；董事会和经理层专门负责公司的经营管理；独立董事或者监事履行专门的监督职责。

与股东脱离的专门管理，使股东摆脱了其他企业形态下直接参与经营管理的束缚，拓宽了股东的投资领域。当然，股东也可能由于董事会和经理层的经营不善而遭受损失，为此在专门管理的前提下，法律赋予股东以下两项重要的权利：①有限责任，即股东仅以出资额为限对公司债务承担责任；②股权自由转让，即通过转让股权而自由退出公司。

2. 股权自由转让

专门管理催生了股权自由转让。与合伙企业相比，公司股东更容易转让其股权，这促进了资本市场的发展。股权自由转让并非不受任何限制。在我国，就有限责任公司而言，其股权转让的自由程度相对较低，受到法律和公司章程的限制。加之有限公司股权转让缺乏公开市场，股东往往处于无法退出公司或者低价退出公司的尴尬境地。就上市公司而言，由于存在证券市场，其股权转让的自由程度较高，但也受到法律的种种限制。

虽然股权可以自由转让，但公司通常不得购买本公司的股权，除非法律有特殊规定。一般而言，公司购买本公司股权将直接导致公司资本减少，难免危及债权人的利益。

3. 营利性

公司是以营利为目的的组织，营利性是公司的本质特征之一。公司设立和运作的目的都是获取经济利益。投资者希望通过公司的经营活动获得盈利，并将所得到的利润分配给投资者，从而实现投资收益。"营利"和"盈利"，前者指谋求利润，后者指企业单位的利润或者获得利润。"营利"指谋求利润的目的和过程，"盈利"则指获得利润的结果。因而，公司可能因为经营不善或者其他原因而无"盈利"，但并不丧失"营利性"。公司的营利性特征可以从以下三个方面来把握。

（1）以营利为目的。公司的营利性特征已为世界上大多数国家和地区的公司立法确认。企业法人以从事生产、流通、科技等活动为内容，以获取盈利、增加积累和创造社会财富为目的，是一种营利性的社会经济组织。

（2）经营性。所谓经营性，是指公司营利行为的连续性和不间断性，即在一段时间内连续不断地从事某种同一性质的营利活动。由此可见，公司的营利行为是一种职业性营利行为，即公司以某种营利活动为业。

（3）有盈余应分配给股东。利润分配乃根本。区分组织营利性与否的关键在于其是否将经营所得分配给构成人员。所谓营利，指积极营利并将所得利益分配给其构成人员，非指法人自身的营利，而是指为其构成人员营利。因此，仅法人自身营利，如果不将所获得利润分配给构成人员，而是作为自身发展经费，则不属于营利法人。以取得利润并分配给股东等出资人为目的成立的法人，为营利法人。营利法人包括有限责任公司、股份有限公司和其他企业法人等。

4. 法人性

公司具有法人资格是世界上多数国家和地区的立法通例。公司是法人的典型形态，法人性是公司的重要特征之一。

（1）公司具有独立的人格。公司作为独立于自然人、非法人组织的民事主体，具有完全的民事权利能力和民事行为能力。公司具有自己的名称、住所和组织机构，能够以自己的名义进行经营活动。公司对其法定代表人和其他工作人员的经营活动承担民事责任。

（2）公司具有独立的财产。公司的财产最初源于股东的投资，不过股东一旦出资就丧失了所有权，该财产就转化为公司的财产。公司对其全部财产享有法人财产权，任何股东无权直接支配公司的财产。公司的财产与股东的财产是泾渭分明的，公司拥有独立的财产，是公司从事经营活动的物质基础。

（3）公司能够独立承担民事责任。公司具有独立的人格和财产，应当以其全部财产对外承担民事责任。一方面，任何债务人，无论是自然人、非法人组织还是法人，均应以自己的全部财产承担清偿责任，公司也不例外；另一方面，公司拥有独立的财产，只能以自己的财产对外承担清偿责任，而不应累及他人。公司财产责任的独立性体现在以下三个方面。

第一，公司责任与股东责任的独立。公司只能以自己拥有的财产清偿债务，股东对公司债务不承担责任，即使公司资不抵债，也不例外。

第二，公司责任与其工作人员责任的独立。公司的民事活动虽由董事、经理等工作人员实施，其民事责任可能由工作人员的过错行为导致，但不能因此要求工作人员对公司的债务负责。当公司无力偿还对外债务时，不能随意追加公司的董事、经理为连带责任人或共同被告。

第三，公司责任与其他任何人责任的独立。公司责任不但与股东责任、其工作人员责任独立，而且独立于其他任何人的责任。作为民事主体，公司责任自负，即使面对主管机关或者关联公司，依然是独立的法人。

（二）公司的分类

1. 按照公司的信用基础划分

按照公司的信用基础划分，公司可分为人合公司、资合公司、人合兼资合公司。

（1）人合公司是指公司的信用基础在于股东个人财产信用，这意味着股东要对公司债务承担无限责任。无限公司是典型的人合公司。

（2）资合公司是指公司的信用基础在于公司的资产，与股东的资产无涉，这意味着股东对公司债务仅以出资为限承担责任。在我国，股份有限公司中的上市公司是典型的资合公司。

（3）人合兼资合公司是指信用基础兼具股东个人财产信用与公司财产信用的公司。两合公司、股份两合公司属于此类。在我国，有限责任公司属于人合为主、兼具资合性质的公司；股份有限公司中的非上市公司以资合为主，兼具一定的人合性质。

2. 按照公司的国籍划分

按照公司的国籍划分，公司可分本国公司、外国公司。

（1）本国公司是在本国境内设立的有限责任公司与股份有限公司。

（2）外国公司则是依照外国法律在本国境外设立的公司。

3. 按照公司的管辖系统划分

按照公司的管辖系统划分，公司可分为总公司、分公司。

（1）总公司又称本公司，是指依法设立并管辖公司全部组织的具有企业法人资格的总机构。

（2）分公司是总公司的分支机构，在业务、资金、人事等方面受总公司管辖。分公司有依法从事业务活动的营业执照，具有独立的诉讼主体资格，但不具有法人资格，其民事责任由总公司承担。

二、公司法的调整对象和价值取向

公司法是指调整公司设立、组织、运营、解散及其他社会关系的法律规范的总称。通常，公司法有广义和狭义之分：就广义而言，公司法是指各种调整公司设立、组织、运营、解散及其他社会关系的公司法律规范的总称，不局限于以公司法命名的法律，还包括其他法律中的公司法规范；就狭义而言，公司法就是指以公司法命名的调整公司设立、组织、运营、解散及其他社会关系的法律规范的总称。本章使用的公司法这一概念，特指狭义的公司法。

（一）公司法的调整对象

调整对象是划分法律部门的重要标准之一。每一个法律部门均有独特的调整对象，公司法也不例外。从公司法的概念出发，其调整对象主要为公司设立、组织、运营、解散过程中所发生的社会关系。就总体而言，这些社会关系可以分为财产关系和组织关系。

1. 财产关系

公司不会孤立地存在，必定和股东、第三人发生这样和那样的社会关系，从而形成对内关系和对外关系。所谓对内法律关系，即对公司与其股东或其股东相互间的法律关系而言；所谓对外法律关系，即对公司与第三人或其股东与第三人的法律关系而言。因而，公司法所调整的财产关系又可以分为两类，即内部财产关系和外部财产关系。

内部财产关系是指公司的发起人之间、股东之间、股东和公司之间围绕公司的设立、组织、运营、解散所形成的具有财产内容的社会关系，包括发起人的出资、出资的转让、股利的分配、公司的增资和减资、公司的合并和分立、公司的解散与清算等。公司的内部财产关系贯穿公司存续的全过程，是公司法的主要调整对象。

外部财产关系是指公司运营过程中与第三人形成的具有财产内容的社会关系，包括以下两类：①公司日常经营过程中与第三人形成的财产关系，该种财产关系与公司本身的组织特点联系并不密切，任何企业均会形成此种财产关系，因而该财产关系不由公司法调整；②与公司本身的组织特点密切联系的财产关系多由公司法调整，其他企业通常不会形成此种财产关系。

2. 组织关系

公司法调整的组织关系也分为两类，即内部组织关系和外部组织关系。

（1）内部组织关系是指公司的发起人之间、股东之间、股东和公司之间，以及股东与股东会、监事会、经理之间在公司存续过程中所形成的具有管理协作内容的社会关系。公司的内部组织关系涉及公司的运营和相关利害关系人的利益，也是公司法的主要调整对象，而且较之公司的内部财产关系而言更为重要，毕竟离开了良好的组织模式，公司根本无法获取利润，公司和股东的利益也就无从谈起。

（2）外部组织关系是指公司在设立、组织、运营、解散过程中与国家有关管理机关之间形成的纵向经济管理关系，如公司与工商机关、主管机关之间的关系。这种外部组织关系对公司的设立、组织、运营、解散非常重要，反映了整个社会维护经济秩序和交易安全的客观需要。

（二）公司法的价值取向

法律诸价值的互克性是它们之间关系的主流，在法律的诸价值中，如果其中的一项价值得到完全的实现，就难免在一定程度上牺牲或否定其他价值。每一个部门法必然在相互冲突的法律诸价值中选择某一项价值作为其基本价值追求，从而实现其立法目的。个人法和团体法也表现出不同的价值取向。

在法律诸价值中，作为个人法的民法的基本价值取向是公平，即公平与民法的其他价值（如效率）发生冲突时，民法首先会选择公平，公平优先、兼顾效率。作为民法基本价值取向的公平，主要体现在平等原则和公平原则上。平等是指人们在法律地位上的平等，并在其权利遭受侵害时应受到平等的保护。平等是社会中的基本正义，或者说是分配正义的要求。公平原则强调以利益均衡作为价值判断标准来调整主体之间的利益关系。平等原则和公平原则相辅相成，共同实现民法的公平、正义的价值理念。

作为团体法的公司法的基本价值取向是效率，即效率与公司法的其他价值（如公平）

发生冲突时，公司法首先会选择效率，效率优先、兼顾公平。公司股东的利益冲突在所难免，为了保障公司的整体利益，公司法建立了不同于民法的意思表示机制，实行资本多数决，极大地提高了效率。

三、公司的设立

公司设立就是发起人为创办公司，取得法人资格而进行的一系列法律行为。公司设立的本质就是建立新的公司主体。公司设立不同于公司成立。公司成立是公司经过设立程序后，具备了法律规定的条件，经过主管机关核准登记，签发营业执照，成为独立法人的事实。公司设立的目标就是公司成立，公司设立是公司成立的前提。同时，有了公司设立，并不一定就会有公司成立，公司设立并不必然导致公司成立。另外，如果公司最后成立了，公司设立中发生的债权债务一般由根据设立行为而成立的公司承担；如果公司没有成立，公司设立中发生的债权债务则由发起人连带承担。

设立公司，应当依法向公司登记机关申请设立登记。符合规定的设立条件的，由公司登记机关登记为有限责任公司或者股份有限公司；不符合规定的设立条件的，不得登记为有限责任公司或者股份有限公司。公众可以向公司登记机关申请查询公司登记事项，公司登记机关应当提供查询服务。

（一）公司设立的原则

公司设立的原则实际就是国家对设立公司的基本态度。由于社会政治经济条件、传统文化、法律文化等因素的差异，各国对公司设立的态度在各个时期都有较大差异。因此，公司设立的原则具有地域性、时代性。概括起来，公司设立的原则主要包括自由设立原则、特许设立原则、核准设立原则、准则设立原则等。

1. 自由设立原则

自由设立原则又称放任主义，是指国家不干涉公司设立，公司是否设立、如何设立，完全由当事人自己决定。在欧洲中世纪，公司发展初期，国家对公司设立就采取这种态度。自由设立原则便利了公司的产生，但容易导致公司与合伙难以区分，虚假公司泛滥，危及债权人的权益，影响交易安全，国家难以控制。所以，自由设立原则已经被抛弃，成为历史。

2. 特许设立原则

特许设立原则，是指公司必须经由国家颁发专门的法令予以特别许可方能设立。特许设立原则起源于13—15世纪，盛行于17—18世纪。特许设立原则其实就是国家权力的延伸。1600 年成立的英国东印度公司等就是经过国王特许设立的。特许设立原则容易形成行业垄断，阻碍自由竞争和统一市场的形成，不利于市场经济的发展。到 19 世纪，特许设立原则被各国抛弃，成为历史。

3. 核准设立原则

核准设立原则又称审批主义，是指公司设立除必须具备法律规定的一般条件外，还必须经过政府行政主管机关审批。核准设立原则显然比特许设立原则进步，方便了公司的设立，但仍然有碍公司的成立和发展。

4. 准则设立原则

准则设立原则又称登记主义，是指法律规定公司设立的条件，如果发起人认为具备法律规定的条件，就可以直接向公司登记机关申请登记，无须经过主管机关审批。相较于核准设立原则，准则设立原则减少了国家对公司设立的审查，有利于公司的产生和发展。但是，这种原则容易造成公司的泛滥，所以，许多国家对传统准则设立原则进行了修改，从严制定了公司设立的条件，强化了国家机关对申请的审查，这就是所谓的严格准则设立原则。它克服了核准设立原则程序烦琐的缺点，又不像自由设立原则那样对公司设立放任自流，是一种比较科学的公司设立原则，为现代大多数国家所采用。

（二）公司设立的方式

1. 发起式设立

发起式设立公司是指设立公司时，公司注册资本由发起人全部认购，不向发起人之外的任何人募集而设立公司的方式。

无限责任公司、两合公司和有限责任公司属于封闭式公司，不能向社会发行股份，只能采取发起式设立公司。股份有限公司属于开放式公司，既可以采取发起式设立公司，也可以采取募集式设立公司。

发起式设立公司具有许多优点，主要包括：无须招股，公司设立周期短，设立费用少。同时，发起式设立公司的注册资本为在公司登记机关登记的全体发起人认购的股本总额，不是实缴股本总额。发起式设立是世界上比较通行的公司设立方式。发起式设立公司的缺点在于，对于资金需求量很大的公司来讲，发起人出资责任较大。所以，发起式设立方式不适用于设立大型公司。

2. 募集式设立

募集式设立公司是指公司设立时，发起人仅认购公司一定比例的股份，其余公开募集而设立公司的方式。募集式设立与发起式设立的主要区别在于，募集式设立公司可以向外招募股份。

募集式设立公司的优点在于，可以通过发行股份的方式吸收社会闲散资金，在短期内筹集成立公司所需的巨额资本，缓解发起人的出资压力，便于公司成立。募集式设立公司的缺点在于，募集式设立公司需要走许多烦琐的程序，公司设立周期长，设立费用高。通常只有设立需要巨额资本的公司时才采取募集式设立公司。

各国公司法对募集式设立公司都有一些限制，加重了发起人的责任，保护了广大投资者的利益。《公司法》规定，以募集式设立方式设立股份有限公司的，发起人认购的股份不得少于公司股份总数的百分之三十五。同时，股份有限公司采取募集式设立的，注册资本为在公司登记机关登记的实收股本总额。而发起式设立股份有限公司则没有以上要求。

募集式设立可分为公开募集式设立和非公开募集式设立。公开募集式设立，是指股份有限公司发起人向不特定对象、向累计超过 200 人的特定对象发行股份，或者法律、行政法规规定的其他发行行为。非公开募集式设立，是指股份有限公司发起人向累计不超过 200 人的特定对象，不采用广告、公开劝诱和变相公开方式发行股份而筹集资本的设立公司的行为。

（三）公司设立的条件

公司设立的条件是指公司成立所必须具备的基本要素。《公司法》对有限责任公司和股份有限公司的设立条件作了规定。《公司法》对公司设立的条件要求较低，大大方便了公司的成立。

1. 有限责任公司设立的条件

（1）股东符合法定人数。《公司法》规定，有限责任公司由五十个以下股东出资设立。这些股东既可以是自然人，也可以是法人，在法律上没有特别限制。作为自然人的发起人应当具有完全民事行为能力。作为法人的发起人一般不能是政府机关。《公司法》允许一人有限责任公司的存在。但是，为了防止股东利用公司逃避债务，《公司法》对一人有限责任公司的设立增加了特别条件，并对股东对公司承担有限责任加以特别规定。一个自然人只能投资设立一个一人有限责任公司，并且该一人有限责任公司不能投资设立新的一人有限责任公司。一人有限责任公司应当在其执照中载明自己的特点。另外，一人有限责任公司的股东不能证明公司财产独立于股东自己的财产的，应当对公司财务承担连带责任。

（2）股东出资达到法定资本最低限额。股东出资是股东依法应当履行的义务，是取得股东资格、行使股东权利的前提条件。股东出资是公司作为独立经济组织赖以存在的物质基础，出资不到位或者不能全部到位，可能影响成立的公司的经营活动，也不利于保护公司债权人的合法权益。公司股东以其认缴的出资额为限，对公司债务承担责任。公司股东出资何时到位影响公司的运行及利益，与他人关系不大。为此，《公司法》不再强制要求公司最低出资限额，公司注册资本金额完全由公司根据自己的需要确定。另外，《公司法》不再规定公司股东出资到位时间，公司股东出资到位时间也完全由公司自己决定。我国对外商投资企业没有规定法定资本最低限额，所以，如果设立的是有限责任公司，应当按照《公司法》的规定执行。

（3）股东共同制定公司章程。公司章程是依法设定公司内部的法律关系，确立公司内部管理体制和公司运行程序，明确股东及公司机关权利义务关系的制度规则，也是公司有效成立的法律文件。《公司法》规定，股东共同制定公司章程，这说明公司章程的各项规定由全体股东参加制定，全体股东或股东代表必须在公司章程上签名、盖章。一人有限责任公司的章程由股东制定。

公司章程的记载事项，一般包括绝对必要记载事项、相对必要记载事项、相对记载事项和任意记载事项。绝对必要记载事项是涉及公司重大问题的内容，是法律强制性规定、应该在公司章程中记载的，缺少其中任何一项，公司就不能成立；相对必要记载事项是法律列举的、由章程制定人自主决定如何记载的内容；相对记载事项一般也由法律予以列举，但仅供股东选择、参考。任意记载事项，法律没有列举，股东结合公司的实际情况，在不违法的前提下，决定是否记载在公司章程中。

公司章程一经制定，对公司的各机构、股东等具有约束力。另外，作为公司的纲领，在特定情形下，公司章程还会对第三人产生影响。如第三人明知公司章程规定公司不能进行某项事务，仍然与公司的法定代表人进行此项事务，在法律上不会产生法律效力。

外商投资企业的章程必须经过商务部批准同意才能生效。

（4）有公司名称，建立符合公司要求的组织机构。公司名称是一个公司特定人格的表示，是一个公司区别于其他公司的重要标志。在我国，公司命名原则基本上采用"有限制的自由主义原则"与"真实原则"。"有限制的自由主义原则"是指，在不违反法律规定的前提下，公司可以根据股东的意志选择名称；"真实原则"是指，选择的名称必须与经营的内容、经营的范围、承担的责任一致，不使他人产生误解，也可保护社会利益。

《公司法》第八条规定，依照本法设立的有限责任公司，必须在公司名称中标明有限责任公司或者有限公司字样。依照本法设立的股份有限公司，必须在公司名称中标明股份有限公司或者股份公司字样。

一人有限责任公司必须在其公司登记中标明本公司的特点。一人有限责任公司应当在公司登记中注明自然人独资或者法人独资，并在公司营业执照中载明。这样做的目的在于使他人一看就知道该公司为一人有限责任公司，是一个自然人股东或者法人股东，股东对公司承担有限责任，第三人因此可以了解交易风险，保护自己的利益。

关于公司名称的组成，可以归纳为以下四个方面：

第一，公司名称应当冠以公司所在地行政区划名称。有特殊情况，也可以不冠以公司所在地行政区划名称。

第二，公司可以选择字号，这是公司唯一可以自由选择的内容。字号应当由两个以上的汉字组成。私营公司可以使用投资人姓名做字号。

第三，公司应当根据其主营业务，依照国家行业分类标准划分的类别，在公司名称中标明所属行业或者经营特点。

第四，公司应当根据其组织结构或者责任形式，在公司名称中标明组织形式。所标明的组织形式必须明确易懂。有限责任公司，必须在公司名称中标明有限责任公司字样。股份有限公司，必须在公司名称中标明股份有限公司字样。

有限责任公司的组织机构是指依照《公司法》的规定而设立的公司机构。公司的组织机构包括股东会、董事会、监事会和经理等。这些机构的组成、职权、运行程序等都应该被明确规定。

（5）有自己的住所。公司的住所是其主要机构的所在地，必须在公司章程中载明，在公司登记机关登记，并据此同其客户进行正常的业务联系和办理其他事务，也是政府实施管理、征取税款、确定诉讼管辖、送达司法文书、确定债务履行、确定登记机关等的处所。

2. 股份有限公司设立的条件

（1）发起人符合法定人数。运行中的股份有限公司的股东人数成千上万，在公司设立时，不可能由所有的公司股东共同办理公司设立事宜。因此，法律允许一部分人承担公司设立的责任，这部分人就是发起人。股份有限公司的设立及运作对社会经济生活有较重要的作用和影响，为了维护公共利益和可能成为公司股东的许多人的利益，法律规定发起人应该达到一定人数，同时人数不能太多。《公司法》规定，设立股份有限公司，应当有二人以上、二百人以下的发起人，其中须有半数以上的发起人在中国境内有住所。

（2）发起人认购和募集的股本达到法定资本最低限额。注册资本是公司从事经营活动的物质基础，也是公司债权人实现债权的基本担保。以发起式设立股份有限公司的，全体发起人应当足额认缴全部注册资本；以募集式设立股份有限公司的，全体发起人应当认缴注册资本的35%以上，其余部分向社会公开募集。

另外，股份有限公司采取发起式设立的，注册资本为在公司登记机关登记的全体发起人认购的股本总额。股份有限公司采取募集式设立的，注册资本为在公司登记机关登记的实收股本总额。

以发起式设立股份有限公司的，发起人应当书面认足公司章程规定其认购的股份，并按照公司章程的规定缴纳出资。以非货币财产出资的，应当依法办理其财产权的转移手续。发起人不按照前款规定缴纳出资的，应当按照发起人协议的约定承担违约责任。

（3）股份发行、筹办事项符合法律规定。发起人设立股份有限公司，必须按照法律规定发行股份并进行其他筹办事项。发起人应当签订发起人协议，明确各自在设立公司过程中的权利和义务。发起人按照法律、发起人协议认购并缴纳出资。发起式设立股份有限公司的，发起人应当选举董事、监事，组成董事会和监事会，制定公司章程。

以募集式设立股份有限公司的，发起人根据法律和发起人协议认购公司股份后，公告招股说明书，并制作认股书。同时，发起人应当与依法设立的证券公司签订承销协议，与银行签订代收股款协议。股款缴足后，必须经依法设立的验资机构验资并出具证明。发起人应当在 30 日内主持召开公司创立大会。创立大会由认股人组成。发行的股份超过招股说明书规定的截止期限尚未募足的，或者发行股份的股款缴足后，发起人在 30 日内未召开创立大会的，认股人可以按照所缴股款并加算银行同期存款利息，要求发起人返还。发起人应当在创立大会召开 15 日前将会议日期通知各认股人或者予以公告。创立大会应有代表股份总数过半数的发起人、认股人出席，方可举行。公司创立大会通过公司章程，选举董事、监事，组成董事会、监事会。

（4）发起人制定公司章程。以发起式设立股份有限公司的，发起人制定公司章程并由全体发起人签字盖章后生效；以募集式设立股份有限公司的，发起人制定公司章程草案后，必须经过创立大会讨论，最后必须经过出席创立大会的代表、股份总数半数以上的认股人同意通过，才能真正成为公司章程。股份有限公司章程应当载明的事项包括：①公司名称和住所；②公司经营范围；③公司设立方式；④公司股份总数、每股金额和注册资本；⑤发起人的姓名或者名称、认购的股份数、出资方式和出资时间；⑥董事会的组成、职权和议事规则；⑦公司法定代表人；⑧监事会的组成、职权和议事规则；⑨公司利润分配办法；⑩公司的解散事由与清算办法；⑪公司的通知和公告办法；⑫股东大会会议认为需要规定的其他事项。

（5）有公司名称，建立符合股份有限公司要求的组织机构。公司的名称应当符合法律、法规的规定。公司的组织机构，如股东大会、董事会、监事会及经理等，依照《公司法》和公司章程规定设立、运作。

（6）有公司住所。公司的主要办事机构所在地是公司的住所。

（四）公司设立的程序

1. 有限责任公司设立的程序

（1）签订发起人协议。发起人协议是发起人之间为设立公司所达成的、明确彼此权利和义务关系的书面合同。与公司章程不同，发起人协议的作用在于规范、约束发起人的行为，其性质类似于合伙协议。发起人协议的内容包括组建公司的方案、股权分散或集中的程度、发起人之间的职责分工等。所以，发起人协议对公司组建至关重要，对公司的未来发展也有较大影响。

（2）订立公司章程。订立公司章程是公司设立的一个必经程序。任何公司的设立均须订立公司章程，目的就是确定公司的宗旨、设立方式、经营范围、注册资本、组织机构及利润分配等重大事项，为公司设立创造条件，也为将来公司的运作提供基本规范。

（3）报经主管部门审批。法律、行政法规规定公司必须报经批准的，应当在公司登记前办理批准手续。在我国，需要经过批准手续的有以下情形：

第一，某行业的公司由某特定的政府机关审批并进行业务监督管理，如金融性公司需要经中国人民银行及其各级分行批准。

第二，公司的业务范围中涉及的相关事宜应经某机关的审查批准，如涉及公共安全器材的生产和服务的，需要经过公安机关批准等。报批时，应向政府机关提交申请书、公司章程、资信证明、营业场地使用证明、企业名称预先核准通知书等文件。经过审批机关批准后，才可办理注册登记手续。

（4）缴纳出资。公司资本来源于股东的出资。出资是股东基于股东资格对公司所为的给付行为。股东都有出资义务。公司章程中所记载的资本总额，在公司成立时必须落实到每个股东名下。有限责任公司的注册资本为在公司登记机关登记的全体股东认缴的出资额。法律、行政法规及国务院决定对有限责任公司注册资本实缴、注册资本最低限额另有规定的，从其规定。所以，公司注册资本只是公司在公司登记机关登记的由全体股东认缴的出资额，没有要求部分到位，更没有要求完全到位，甚至股东出资到位时间也没有任何法律规定。但是，如果其他法律、行政法规及国务院对有限责任公司有特殊规定的，仍然应当按照这些规定办理。同时，公司股东确实是以其认缴的出资额为限对公司债务承担责任。为此，公司注册资本的作用就是一种股东对公司债务承担的担保额，也是股东之间的一种出资契约。

有限责任公司成立后，发现作为设立公司出资的非货币财产的实际价额显著低于公司章程所定价额的，应当由交付该出资的股东补足其差额；公司设立时的其他股东承担连带责任。

（5）确立公司管理机关。公司管理机关是对内管理事务、对外代表公司的法定机构。作为法人的公司，其意志的形成和实现，均依赖于法人机关及其成员的活动。因此，公司登记前，必须对公司的权力机构、业务执行机构和监督机构的组成及其成员的分工作出符合法律规定的决定。

（6）申请公司登记。股东认同公司章程规定的出资后，由全体股东指定的代表或者共同委托的代理人向公司登记机关报送公司登记申请书、公司章程、验资证明等文件，申请设立登记。法律、行政法规规定设立时必须审批的，还应该提交有关审批文件。

2. 股份有限公司设立的程序

（1）发起式设立程序。采取发起式设立股份有限公司的，公司资本全部由发起人认购，无须向社会公众募集，其设立程序相对简单，与有限责任公司的设立程序相当。

（2）募集式设立程序。采取募集式设立股份有限公司的，需要对外募集股份，其设立程序相对复杂。与发起式设立程序相比，募集式设立程序更多。公开募集式设立公司与非公开募集式设立公司的程序不同。公开募集式设立公司的程序包括以下五个方面：

第一，发起人认足部分股份。《公司法》第八十四条规定，以募集设立方式设立股份有限公司的，发起人认购的股份不得少于公司股份总数的35%；法律、行政法规另有规定的，从其规定。所以，发起人只有认购以上规定比例的股份后，方可进行以后的募集设立行为。

第二，制作招股说明书。招股说明书又称募股章程，是公司发起人制定的，向社会公开的，旨在使社会公众了解公司基本情况和认股具体办法的，便于公众认购公司股份的书面文件。招股说明书应当附有发起人制定的公司章程，并载明相关事项，主要包括：①发起人认购的股份数；②每股的票面金额和发行价格；③无记名股票的发行总数；④募集资金的用途；⑤认股人的权利、义务；⑥本次募股的起止期限及逾期未募足时认股人可以撤回所认股份的说明。

第三，报经国务院证券监督管理机构或者国务院授权的部门注册。由于公开募集股份涉及广大公众的利益，关系到社会经济秩序的正常和稳定，我国规定，公开发行证券必须符合法律、行政法规规定的条件，并依法报经国务院证券监督管理机构或者国务院授权的部门注册。未经依法注册，任何单位和个人不得公开发行证券。证券发行注册制的具体范围、实施步骤，由国务院规定。有相关情形之一的，为公开发行：①向不特定对象发行证券；②向特定对象发行证券累计超过200人，但依法实施员工持股计划的员工人数不计算在内；③法律、行政法规规定的其他发行行为。非公开发行证券，不得采用广告、公开劝诱和变相公开方式。同时，公司申请公开发行股票，依法采取承销方式的，应当聘请证券公司担任保荐人。保荐人应当遵守业务规则和行业规范，诚实守信，勤勉尽责，对发行人的申请文件和信息披露资料进行审慎核查，督导发行人规范运作。

第四，公告和招募股份。发起人在募集申请得到证券监督管理机构核准后，即可向社会公告招股说明书，邀约公众认购股份，制作认股书，供认股人填写。认股人根据招股说明书和自己的情况，在认股书上填写认购股数、金额、住所，并签名、盖章。认股人按照所认购股数缴纳股款。

股份发行分为直接发行与间接发行两种方式。直接发行就是公司直接向社会公众发行股份；间接发行则是公司以证券公司为中介，向社会公众发行股份。发起人向社会公开募集股份，应当由依法设立的证券公司承销，签订承销协议。发起人向社会公开募集股份，应当同银行签订代收股款协议。代收股款的银行应当按照协议代收和保存股款，向缴纳股款的认股人出具收款单据，并负有向有关部门出具收款证明的义务。发行股份的股款缴足后，必须经法定的验资机构验资并出具证明。

第五，召开创立大会。公司发行股份的股款缴足后，发起人应当在30日内主持召开公司创立大会。创立大会又称认股人大会，由认股人组成，决定是否成立公司、公司设立中和公司成立后的重大事项。创立大会是公司成立前的决议机关。创立大会行使的职权包括：①审议发起人关于公司筹办情况的报告；②通过公司章程；③选举董事会成员；④选举监事会成员；⑤对公司的设立费用进行审核；⑥对发起人用于抵作股款的财产的作价进行审核；⑦发生不可抗力或者经营条件发生重大变化直接影响公司设立的，可以作出不设立公司的决议。创立大会对前款所列事项作出决议，必须经出席会议的认股人所持表决权过半数通过。

四、公司的资本制度

（一）公司资本的原则

为了保护债权人的合法权益，维护交易安全，大陆法系国家和地区的公司法普遍确认公司资本的三项基本原则，即资本确定原则、资本维持原则和资本不变原则，并称为"资本三原则"。

1. 资本确定原则

资本确定原则，是指在设立公司时，必须在章程中对公司的资本总额作出明确的规定，并须由股东全部认足，否则公司不能成立。资本确定原则的含义有以下两点：①要求公司资本总额必须明确记载于公司章程，使之成为一个具体的、确定的数额；②要求章程确定的资本总额在公司设立时必须分解落实到人，即全体股东认足。确定公司资本数额是公司实力的直接标志，也是有限责任股东承担责任的限定范围。当然，资本确定原则也存在不足，有些大陆法系国家和地区已经修改公司法，抛弃了资本确定原则，实行授权资本制度。例如，日本、韩国、法国、德国等的公司法规定，公司资本总额必须记载于章程，但不要求在公司设立时公司资本必须落实到人，不要求全体股东认足。

2. 资本维持原则

资本维持原则又称资本充实原则，是指公司在其存续期间，应该经常保持与其资本额相当的财产。"资本维持原则是公司三项资本制度之一，在保护各方利益、维护市场秩序等方面发挥着重要作用。"① 公司资本是公司赖以生存和经营的物质基础，也是公司对债权人的总担保。在公司运行过程中，公司可能盈利，也可能亏损，公司的净资产便处于不断变动之中。为了防止因为公司的净资产减少而危害公司债权人的利益，同时为了防止股东对盈利分配的过高要求，确保公司业务的正常开展，各国公司法都确认了资本维持原则。

资本维持原则表现在以下五个方面：

（1）股东应该按照规定足额出资。股东不按照规定缴纳出资的，除应当向公司足额缴纳出资外，还应当向已按期足额缴纳出资的股东承担违约责任。有限责任公司成立后，作为设立公司出资的非货币财产的实际价额显著低于公司章程所定价额的，应当由交付该出资的股东补足其差额；公司设立时的其他股东承担连带责任。

（2）不得抽逃出资。发起人、认股人缴纳股款或者交付抵作股款的出资后，除未按期募足股份、发起人未按期召开创立大会或者创立大会决议不设立公司的情形外，不得抽回其股本。公司的发起人、股东在公司成立后，抽逃其出资的，由公司登记机关责令改正，处以所抽逃出资金额5%以上、15%以下的罚款。

（3）亏损必先弥补。公司分配当年税后利润时，应当提取利润的10%列入公司法定公积金。公司法定公积金累计额为公司注册资本的50%以上的，可以不再提取。公司的法定公积金不足以弥补以前年度亏损的，在依照前款规定提取法定公积金之前，应当先用当年利润弥补亏损。公司从税后利润中提取法定公积金后，经股东会或者股东大会决议，还可以从税后利润中提取任意公积金。公司弥补亏损和提取公积金后所余税后利润，有限责任公司依照规定分配；股份有限公司按照股东持有的股份比例分配，但股份有限公司章程

---

① 毛琬娇. 资本维持原则对公司设立及运营启示［J］. 中国石油企业，2022（9）：89-91.

规定不按持股比例分配的除外。股东会、股东大会或者董事会违反前款规定，在公司弥补亏损和提取法定公积金之前向股东分配利润的，股东必须将违反规定分配的利润退还公司。公司持有的本公司股份不得分配利润。

（4）转投资受到限制。公司可以向其他企业投资，但是，除法律另有规定外，不得成为对所投资企业的债务承担连带责任的出资人。

（5）股票的发行价格不得低于票面金额。股票是公司签发的证明股东所持股份的凭证，是股份的载体。股票的发行价格可以按票面金额，也可以超过票面金额，但不得低于票面金额。

3. 资本不变原则

资本不变原则，是指公司的资本一经确定，不得随意改变，如果需要增加或减少，必须严格按照法定程序进行。公司资本不变原则不是要求公司资本绝对不变，而是公司不得随意改变公司资本，不得随意增加或减少。公司资本的变化，不仅涉及公司利益，还涉及公司债权人的利益。因此，许多国家的公司法确定了此制度。我国《公司法》第四十三条规定，有限责任公司增加或减少注册资本，必须经代表 2/3 以上表决权的股东通过；第一百零三条规定，股份有限公司增加或减少注册资本，必须经出席会议的股东所持表决权的 2/3 以上通过。同时，《公司法》第一百七十七条规定，公司需要减少注册资本时，必须编制资产负债表及财产清单。公司应当自作出减少注册资本决议之日起 10 日内通知债权人，并于 30 日内在报纸上公告。债权人自接到通知书之日起 30 日内，未接到通知书的自公告之日起 45 日内，有权要求公司清偿债务或者提供相应的担保。公司减资后的注册资本不得低于法定的最低限额。

（二）公司资本制度的类型

1. 法定资本制

法定资本制又称确定资本制，是指设立公司时，发起人必须对公司的资本总额作出明确的规定，还必须认购公司全部股份，否则公司不能成立。法定资本制可以分为严格法定资本制（发起人实缴公司全部出资后才能成立）和一般法定资本制。

法定资本制强调公司资本的确定、维持和不变原则，全部注册资本落实到人，这在保证公司资本真实可靠、防止公司设立欺诈、保障债权和交易安全等方面，具有明显优势。但是，在法定资本制下，公司成立时，发起人的出资压力较大；公司成立后增资时，须召开股东大会，以绝对多数通过，又须变更公司章程、办理公司登记，所以其程序比较复杂，手续烦琐。法定资本制的价值追求主要是为了保护债权人的利益和交易安全。

2. 授权资本制

授权资本制源于英美法。依照英美法，公司设立时，发起人只要在基本章程确定股份资本，并各认一股以上，即可申请设立公司，在接获设立证书后，公司即设立。在设立阶段，并不需要就章程所设定的股份资本之全额来发行，其余股份等公司成立后，按照公司的实际需要再分次发行。

授权资本制不要求发起人认足公司全部注册资本，甚至只需认购注册资本的一小部分，公司就可成立，这就方便了公司的成立，减轻了发起人的出资负担。同时，公司在成立后增资时，无须召开股东大会、变更章程和公司登记，能够很好地适应市场经济的发展。但是，在授权资本制下，公司实收资本可能很少，容易被人用于欺诈，对保护公司债权人的利益和保障交易安全不利。授权资本制的价值追求主要是方便公司设立，维护发起人的利益。

3. 折中资本制

鉴于法定资本制和授权资本制各有利弊，一些国家在权衡利弊的基础上，创造出一种新的公司资本制——折中资本制。折中资本制又称认可资本制，是指公司设立时仍采取资本确定原则，并以章程规定，但公司成立后若干年内，就基本资本额一定范围内，董事会只需经监事会同意，即可发行新股，增加资本，而无须经股东会特别决议。现在，许多大陆法系国家或者地区的公司法采取这种资本制。

我国《公司法》规定，有限责任公司的注册资本为在公司登记机关登记的全体股东认缴的出资额，股份有限公司采取发起式设立的，注册资本为在公司登记机关登记的全体发起人认购的股本总额。股份有限公司采取募集式设立的，注册资本为在公司登记机关登记的实收股本总额。所以，对于发起式设立的公司，我国《公司法》采取了一般法定资本制；对于募集式设立的股份有限公司，仍然采取严格法定资本制。

第二节　合伙企业及其解散、清算

一、合伙企业的认知

合伙企业，是指自然人、法人和其他组织依照《中华人民共和国合伙企业法》（以下简称《合伙企业法》）在中国境内设立的普通合伙企业和有限合伙企业。

（一）合伙企业的分类

1. 普通合伙企业

普通合伙企业由普通合伙人组成，合伙人对合伙企业债务承担无限连带责任。普通合伙企业是典型的人合型企业，以出资人的个人信用为基础，合伙人之间的相互信赖是其设立存续的基石。

普通合伙企业又分为一般的普通合伙企业和特殊的普通合伙企业。特殊的普通合伙企业，一般是指以专业知识和专业技能为客户提供有偿服务的专业机构。特殊的普通合伙企业名称中应当标明"特殊普通合伙"字样。特殊的普通合伙企业在为客户提供服务时，合伙人个人的知识、技能、职业道德、经验等往往起着决定性的作用。所以，依据合伙人执业活动中造成合伙企业债务的主观因素的不同，合伙人承担责任的方式也不同。一个合伙人或者数个合伙人在执业活动中因故意或者重大过失造成合伙企业债务的，应当承担无限责任或者无限连带责任，其他合伙人以其在合伙企业中的财产份额为限承担责任。合伙人在执业活动中非因故意或者重大过失造成的合伙企业债务及合伙企业的其他债务，由全体合伙人承担无限连带责任。

2. 有限合伙企业

有限合伙企业由普通合伙人和有限合伙人组成，普通合伙人对合伙企业债务承担无限连带责任，有限合伙人以其认缴的出资额为限对合伙企业债务承担责任。有限合伙企业采用这一形式主要是为了适应发展风险投资的需要。

（二）合伙企业的法律特征

1. 由两个以上投资人共同投资兴办

合伙企业的投资人既可以为具有完全民事行为能力的自然人，也可以为法人，但是必须为两人或者两人以上。这使合伙企业区别于个人独资企业。投资人的出资形式多样化，除了一般的货币、实物、土地使用权、知识产权和其他财产权利外，普通合伙人还可以个人劳务出资，评估办法由全体合伙人协商确定，并在合伙协议中载明。

2. 合伙人以书面合伙协议确定各方出资、利润分享和亏损分担等

合伙企业是根据合伙人共同签订的合伙协议成立的企业组织形态。合伙协议既是合伙企业设立的法律依据，又是调整合伙企业内部关系的基本文件。因此，合伙协议是合伙人之间确定权利义务关系的重要依据，合伙人应以书面形式在合伙协议中明确约定出资方式、数

额、利润分配方式、亏损分担方式、合伙事务的执行、入伙、退伙、合伙终止等事项。

3. 合伙人对企业债务依法承担责任

普通合伙人对合伙债务承担无限或无限连带责任，有限合伙人对合伙债务承担有限责任。在合伙企业与第三人的关系中，合伙企业以其所有财产清偿第三人的债务，不足清偿时，普通合伙人负有以其在合伙企业中出资以外的个人财产清偿合伙企业债务的责任。

4. 合伙企业属人合型企业

合伙企业的设立在一定程度上是基于合伙人之间的相互信赖，合伙企业中合伙人共同参与企业的经营管理，普通合伙人对执行合伙事务享有同等的权利。有限合伙人不执行合伙事务，不对外代表有限合伙企业。合伙企业吸收新的合伙人必须经全体合伙人一致同意。

5. 合伙企业是非法人企业

与独资企业一样，合伙企业既不享有独立的财产权利，也不能独立承担责任，故其不具有法人资格。但是，合伙企业是独立的民事主体，可以自己的名义从事民事活动。

（三）合伙企业的优点和缺点

1. 合伙企业的优点

相对于个人独资企业而言，合伙企业规模较大，实力较强。表现在以下两个方面：一方面，企业规模更大，抗风险能力增强；另一方面，团队经营，群策群力，经营管理能力更强。

2. 合伙企业的缺点

（1）普通合伙人投资风险大。合伙企业不具有法人资格，一旦企业经营不善，负债严重，因普通合伙人承担无限连带责任，每个普通合伙人都必须以他们的个人财产来偿还企业债务，普通合伙人面临相当大的风险。由此是否选择设立普通合伙企业，或者是否选择做有限合伙企业中的普通合伙人，人们会持谨慎态度，这在相当程度上抑制了人们投资的积极性。

（2）合伙企业的稳定性相对较差。合伙企业是依据合伙人之间的协议建立起来的，每当一位合伙人退出或死亡、接纳一位新的合伙人，都必须重新谈判并建立一种全新的合伙关系。而谈判与新型人际关系的建立都很复杂，因而在新旧合伙人更迭时，很容易使企业夭折。

（3）合伙企业决策效率不高。一般情况下，合伙企业的重大决策需要所有合伙人参与，如果意见有分歧，很容易造成决策上的延误，影响企业的有效经营。

二、合伙企业的设立

（一）普通合伙企业的设立条件

1. 有两个以上合伙人

除自然人外，法人和其他组织也可以成为合伙企业的合伙人。合伙人为自然人的，应当具有完全民事行为能力。若出资人为一个自然人，则是独资企业而非合伙企业。《合伙企业法》未规定普通合伙企业合伙人人数的上限，这是大陆法系合伙立法的普遍做法。但是，由于合伙的人合性特征，实践中合伙人人数一般不会太多。无民事行为能力人、限制民事行为能力人不能成为普通合伙企业的合伙人。法律、行政法规禁止从事营利性活动的人，不得成为合伙人。《合伙企业法》第三条明确规定，国有独资公司、国有企业、上市公司及公益性的事业单位、社会团体不得成为普通合伙人。

2. 有书面合伙协议

合伙协议是由全体合伙人协商一致订立的约定合伙人权利义务关系的协议。合伙协议必须采用书面形式。合伙协议应当载明的事项包括：①合伙企业的名称和主要经营场所的地点；②合伙目的和合伙经营范围；③合伙人的姓名或者名称、住所；④合伙人的出资方式、数额和缴付期限；⑤利润分配、亏损分担方式；⑥合伙事务的执行；⑦入伙与退伙；⑧争议解决办法；⑨合伙企业的解散与清算；⑩违约责任。合伙协议经全体合伙人签名、盖章后生效。合伙人按照合伙协议享有权利，履行义务。修改或者补充合伙协议，应当经全体合伙人一致同意；但是，合伙协议另有约定的除外。

3. 有合伙人认缴或者实际缴付的出资

普通合伙人既可以用货币、实物、知识产权、土地使用权或者其他财产权利出资，也可以用劳务出资。合伙人以实物、知识产权、土地使用权或者其他财产权利出资，需要评估作价的，既可以由全体合伙人协商确定，也可以由全体合伙人委托法定评估机构评估。合伙人以劳务出资的，其评估办法由全体合伙人协商确定，并在合伙协议中载明。

4. 有合伙企业名称和生产经营场所

合伙企业名称中应当标明"普通合伙"或"特殊普通合伙"字样，未在其名称中标明"普通合伙"或"特殊普通合伙"字样的，由企业登记机关责令限期改正，处以 2000 元以上、10000 元以下的罚款。

（二） 有限合伙企业和普通合伙企业设立的不同

有限合伙企业是由普通合伙人和有限合伙人共同设立的合伙企业。按照《合伙企业法》的规定，有限合伙企业由 2 个以上、50 个以下合伙人设立；法律另有规定的除外。有限合伙企业的设立条件与普通合伙企业的不同之处主要体现在以下四个方面。

1. 合伙人要求不同

有限合伙企业中至少有 1 个普通合伙人。国有独资公司、国有企业、上市公司及公益性的事业单位、社会团体不得成为普通合伙人，但法律并未限制其成为有限合伙人。

2. 企业名称不同

有限合伙企业名称中应当标明"有限合伙"字样。

3. 合伙协议的记载事项不同

有限合伙企业合伙协议除了载明普通合伙企业协议相关事项外，还应当载明的事项包括：①普通合伙人和有限合伙人的姓名或者名称、住所；②执行事务合伙人应具备的条件和选择程序；③执行事务合伙人权限与违约处理办法；④执行事务合伙人的除名条件和更换程序；⑤有限合伙人入伙、退伙的条件、程序及相关责任；⑥有限合伙人和普通合伙人相互转变程序。

4. 出资要求不同

有限合伙人可以用货币、实物、知识产权、土地使用权或者其他财产权利作价出资，但不得以劳务出资，普通合伙人可以劳务出资，这是有限合伙人与普通合伙人在出资方式上的重要区别。有限合伙人应当按照合伙协议的约定按期足额缴纳出资；未按期足额缴纳的，应当承担补缴义务，并对其他合伙人承担违约责任。有限合伙企业登记事项中应当载明有限合伙人的姓名或者名称及认缴的出资数额。

（三） 合伙企业的设立程序

1. 申请人向企业登记机关提交相关文件

申请设立合伙企业，应当向企业所在地的登记机关提交全体合伙人签署的设立登记申请书、全体合伙人的身份证明、全体合伙人指定代表或者共同委托代理人的委托书、合伙协议书、全体合伙人对各合伙人认缴或者实际缴付出资的确认书、主要经营场所证明等文件。合伙企业的经营范围中有属于法律、行政法规规定在登记前须经批准的项目的，该项经营业务应当依法经过批准，并在登记时提交批准文件。

2. 企业登记机关核发营业执照

申请人提交的登记申请材料齐全、符合法定形式，企业登记机关能够当场登记的，应予当场登记，发给合伙企业营业执照。不能当场登记的，企业登记机关应当自受理申请之日起 20 日内，作出是否登记的决定。对符合规定条件的，予以登记，发给合伙企业营业执照；对不符合规定条件的，不予登记，并应予以书面答复，说明理由。提交虚假文件或者采取其他欺骗手段，取得合伙企业登记的，由企业登记机关责令改正，处以 5000 元以上、50000 元以下的罚款；情节严重的，撤销企业登记，并处以 50000 元以上、200000 元以下的罚款。合伙企业的营业执照签发日期，为合伙企业成立日期。未领取营业执照，而以合伙企业或者合伙企业分支机构名义从事合伙业务的，由企业登记机关责令停止，处以 5000 元以上、50000 元以下的罚款。

合伙企业设立分支机构，应当向分支机构所在地的企业登记机关申请登记，领取营业执照。合伙企业登记事项发生变更的，执行合伙事务的合伙人应当自作出变更决定或者发生变更事由之日起 15 日内，向企业登记机关申请办理变更登记。合伙企业登记事项发生变更时，未依法办理变更登记的，由企业登记机关责令限期登记；逾期不登记的，处以 2000 元以上、20000 元以下的罚款。合伙企业登记事项发生变更，执行合伙事务的合伙人未按期申请办理变更登记的，应当赔偿由此给合伙企业、其他合伙人或者善意第三人造成的损失。

三、合伙企业的财产

（一）合伙企业财产的构成

合伙企业财产是指合伙存续期间，合伙人的出资、以合伙企业名义取得的收益和依法取得的其他财产。由此可知，合伙人的财产由合伙人出资、以合伙企业名义取得的收益、依法取得的其他财产三部分构成。

（二）合伙人在企业财产方面的权利和义务

在合伙企业存续期间，除依法退伙等情形外，合伙人在合伙企业清算前，既不得请求分割合伙企业的财产，也不得私自转移或者处分合伙企业财产。

除合伙协议另有约定外，普通合伙人向合伙人以外的人转让其在合伙企业中的全部或者部分财产份额时，须经其他合伙人一致同意。并且在同等条件下，其他普通合伙人有优先购买权；合伙协议另有约定的除外。合伙人以外的人依法受让普通合伙人在合伙企业中的财产份额的，经修改合伙协议即成为合伙企业的普通合伙人，依照《合伙企业法》和修改后的合伙协议享有权利和履行义务。普通合伙人之间转让在合伙企业中的全部或者部分财产份额时，应当通知其他合伙人。普通合伙人以其在合伙企业中的财产份额出质的，须经其他合伙人一致同意；未经其他合伙人一致同意，其行为无效，由此给善意第三人造成损失的，由行为人依法承担赔偿责任。

与普通合伙人不同的是，除非合伙协议另有约定，有限合伙人可以按照合伙协议的约定向合伙人以外的人转让其在有限合伙企业中的财产份额，但应当提前30日通知其他合伙人，有限合伙人还可以将其在有限合伙企业中的财产份额出质。

四、合伙企业的事务管理

（一）合伙企业事务管理的方式

1. 合伙人执行合伙企业事务

合伙企业的事务管理，比较常见的形式是由合伙人执行合伙企业事务。在普通合伙企业中，任何一个合伙人都有权执行合伙事务、对外代表合伙企业，其地位是完全平等的。

有限合伙企业由普通合伙人执行合伙事务，有限合伙人不执行合伙事务，不得对外代表有限合伙企业。有限合伙人的下列行为，不视为执行合伙事务：

（1）参与决定普通合伙人入伙、退伙；对企业的经营管理提出建议。

（2）参与选择承办有限合伙企业审计业务的会计师事务所。

（3）获取经审计的有限合伙企业财务会计报告。

（4）对涉及自身利益的情况，查阅有限合伙企业财务会计账簿等财务资料。

（5）在有限合伙企业中的利益受到侵害时，向有责任的合伙人主张权利或者提起诉讼。

（6）执行事务合伙人怠于行使权利时，督促其行使权利或者为了本企业的利益以自己的名义提起诉讼；依法为本企业提供担保。

合伙人执行合伙企业事务，可以有以下两种形式：①全体普通合伙人共同执行合伙事务，这是合伙事务执行的基本形式，也是合伙企业中经常使用的一种形式，尤其是在合伙人较少的情况下更为适宜；②委托一个或者数个普通合伙人执行合伙事务，该形式是在合伙人共同执行合伙事务的基础上引申出来的，按照合伙协议的约定或者经全体合伙人决定，可以委托一个或数个普通合伙人对外代表合伙企业，执行合伙事务。

2. 合伙人以外的人担任合伙企业的经营管理人员

经全体合伙人一致同意，可以聘请合伙人以外的人担任合伙企业的经营管理人员，被聘任的合伙企业的经营管理人员应当在合伙企业授权范围内履行职务。被聘任的合伙企业的经营管理人员，超越合伙企业授权范围履行职务，或者在履行职务过程中因故意或者重大过失给合伙企业造成损失的，依法承担赔偿责任。

（二）合伙人在合伙企业事务管理中的权利和义务

1. 一般规定

按照合伙协议的约定或者经全体合伙人决定，委托一个或者数个普通合伙人对外代表合伙企业，执行合伙事务，则其他合伙人不再执行合伙事务。不具有事务执行权的合伙人擅自执行合伙事务，给合伙企业或者其他合伙人造成损失的，依法承担赔偿责任。

不执行合伙事务的合伙人有权监督执行事务合伙人执行合伙事务的情况。由一个或者数个合伙人执行合伙事务的，执行事务合伙人应当定期向其他合伙人报告事务执行情况及合伙企业的经营状况和财务状况，其执行合伙事务所产生的收益归合伙企业，所产生的费用和亏损由合伙企业承担。受委托执行合伙事务的合伙人不按照合伙协议或者全体合伙人的决定执行事务的，其他合伙人可以决定撤销该委托。合伙人执行合伙事务，或者合伙企业从业人员利用职务上的便利，将应当归合伙企业的利益据为己有的，或者采取其他手段侵占合伙企业财产的，应当将该利益和财产退还合伙企业；给合伙企业或者其他合伙人造成损失的，依法承担赔偿责任。

合伙人对合伙企业有关事项作出决议，按照合伙协议约定的表决办法办理。合伙协议未约定或者约定不明确的，实行合伙人一人一票并经全体合伙人过半数通过的表决办法。除合伙协议另有约定外，合伙企业的相关事项应当经全体合伙人一致同意：①改变合伙企业的名称；②改变合伙企业的经营范围、主要经营场所的地点；③处分合伙企业的不动产；④转让或者处分合伙企业的知识产权和其他财产权利；⑤以合伙企业的名义为他人提供担保；⑥聘任合伙人以外的人担任合伙企业的经营管理人员。擅自处理合伙人合伙协议约定必须经全体合伙人一致同意始得执行的事务，给合伙企业或者其他合伙人造成损失的，依法承担赔偿责任。

2. 普通合伙人和有限合伙人的不同规定

在合伙企业存续期间，普通合伙人不得自营或者同他人合作经营与本合伙企业相竞争的业务。除合伙协议另有约定或者经全体合伙人一致同意外，普通合伙人不得同本合伙企业进行交易。普通合伙人违反《合伙企业法》规定或者合伙协议的约定，从事与本合伙企业相竞争的业务或者与本合伙企业进行交易的，该收益归合伙企业所有，给合伙企业或者其他合伙人造成损失的，依法承担赔偿责任。

除非合伙协议另有约定，有限合伙人可以同本企业进行交易。有限合伙人无竞业禁止义务。除非合伙协议另有约定，有限合伙人可以自营或者同他人合作经营与本有限合伙企业相竞争的业务。

（三）合伙企业的损益分配

合伙企业的利润分配、亏损分担，按照合伙协议的约定办理；合伙协议未约定或者约定不明确的，由合伙人协商决定；协商不成的，由合伙人按照实缴出资比例分配、分担；无法确定出资比例的，由合伙人平均分配、分担。

普通合伙企业的合伙协议不得约定将全部利润分配给部分合伙人或者由部分合伙人承担全部亏损。除非合伙协议另有约定，有限合伙企业不得将全部利润分配给部分合伙人。这是普通合伙企业和有限合伙企业在损益分配方面的重要区别。

（四）合伙人身份的转换

除合伙协议另有约定外，普通合伙人转变为有限合伙人，或者有限合伙人转变为普通合伙人，应当经全体合伙人一致同意。有限合伙人转变为普通合伙人的，对其作为有限合伙人期间有限合伙企业发生的债务承担无限连带责任。普通合伙人转变为有限合伙人的，对其作为普通合伙人期间合伙企业发生的债务承担无限连带责任。当有限合伙企业仅剩普通合伙人时，有限合伙企业转变为普通合伙企业，并进行变更登记。当有限合伙企业仅剩有限合伙人时，则该企业不再是合伙企业，应当解散。

五、合伙企业的解散与清算

（一）合伙企业的解散

合伙企业解散的原因主要包括：①合伙期限届满，合伙人决定不再经营；②合伙协议约定的解散事由出现；③全体合伙人决定解散；④合伙人已不具备法定人数满 30 天；⑤合伙协议约定的合伙目的已经实现或者无法实现；⑥依法被吊销营业执照、责令关闭或者被撤销；⑦法律、行政法规规定的其他原因。

（二）合伙企业的清算

合伙企业解散，应当由清算人进行清算。

1. 清算人

清算人由全体合伙人担任；经全体合伙人过半数同意，可以自合伙企业解散事由出现后 15 日内指定一个或者数个合伙人，或者委托第三人，担任清算人。自合伙企业解散事由出现之日起 15 日内未确定清算人的，合伙人或者其他利害关系人可以申请人民法院指定清算人。

清算人在清算期间执行的事务包括：①清理合伙企业财产，分别编制资产负债表和财产清单；②处理与清算有关的合伙企业未了结事务；③清缴所欠税款；④清理债权、债务；⑤处理合伙企业清偿债务后的剩余财产；⑥代表合伙企业参加诉讼或者仲裁活动。

清算人执行清算事务，牟取非法收入或者侵占合伙企业财产的，应当将该收入和侵占的财产退还合伙企业，给合伙企业或者其他合伙人造成损失的，依法承担赔偿责任。清算人违反《合伙企业法》规定，隐匿、转移合伙企业财产，对资产负债表或者财产清单做虚假记载，或者在未清偿债务前分配财产，损害债权人利益的，依法承担赔偿责任。

2. 清算程序

清算人自被确定之日起 10 日内将合伙企业解散事项通知债权人，并于 60 日内在报纸上公告。债权人应当自接到通知书之日起 30 日内，未接到通知书的自公告之日起 45 日内，向清算人申报债权。

债权人申报债权，应当说明债权的有关事项，并提供证明材料。清算人应当对债权进行登记。清算期间，合伙企业存续，但不得开展与清算无关的经营活动。

合伙企业财产在支付清算费用后，应按顺序清偿：①合伙企业所欠职工工资和劳动保险费用；②合伙企业所欠税款；③合伙企业的债务；④退还合伙人出资。按顺序清偿后有剩余的，则按合伙协议约定或者法定比例在原合伙人之间分配。如果合伙企业财产不足以清偿其债务的，由原普通合伙人承担无限连带责任。合伙企业注销后，原普通合伙人对合伙企业存续期间的债务仍应承担无限连带责任。合伙企业不能清偿到期债务的，债权人既可以依法向人民法院提出破产清算申请，也可以要求普通合伙人清偿。合伙企业依法被宣告破产的，普通合伙人对合伙企业的债务仍应承担无限连带责任。

清算结束，清算人应当编制清算报告，经全体合伙人签名、盖章后，在 15 日内向企业登记机关报送清算报告，申请办理合伙企业注销登记。清算人未依照规定向企业登记机关报送清算报告，或者报送清算报告隐瞒重要事实，或者有重大遗漏的，由企业登记机关责令改正。由此产生的费用和损失，由清算人承担和赔偿。

第三节　个人独资企业及其管理

所谓个人独资企业，是指依照《中华人民共和国个人独资企业法》（以下简称《个人独资企业法》）在中国境内设立，由一个自然人投资，财产为投资人个人所有，投资人以其个人财产对企业债务承担无限责任的经营实体。①

一、个人独资企业的法律特征与优势和劣势

（一）个人独资企业的法律特征

1. 个人独资企业由一个自然人投资

根据《个人独资企业法》的规定，设立个人独资企业的投资人只能是一个自然人，国家机关、国家授权投资的机构或者国家授权的部门、企业、事业单位都不能作为独资企业的设立人。这是独资企业在投资主体上与合伙企业和公司的区别所在。

2. 个人独资企业的全部财产为投资人个人所有

投资人是企业财产（包括企业成立时投资人的出资和企业存续期间积累的财产）的唯一所有者。换言之，独资企业财产与投资人个人财产没有严格区分。

3. 个人独资企业的投资人以其个人财产对企业债务承担无限责任

个人独资企业的投资人以其个人财产对企业债务承担无限责任，这是独资企业与公司（包括一人有限责任公司）在责任形态方面的本质区别。该无限责任包含以下三层意思：①独资企业的债务全部由投资人承担；②投资人承担责任不限于出资额，其责任财产包括独资企业财产和投资人个人财产；③投资人对独资企业债权人直接负责。

4. 个人独资企业是非法人企业

个人独资企业由一个自然人投资，投资人对企业债务承担无限责任，企业的责任即投资人的个人责任，企业的财产即投资人的个人财产。因此，独资企业不享有独立的财产权利，也不能独立承担责任，故其不具有法人资格。但是，独资企业是独立的民事主体，可以自己的名义从事民事活动。

（二）个人独资企业的优势和劣势

个人独资企业的优势表现在以下五个方面：①投资人个人出资兴办，设立、歇业的程序均简单易行；②经营者利润独享，风险自担，能细致地控制成本；③经营方式灵活，决策迅速；④产权能够较为自由地转让；⑤经营的保密性强。

个人独资企业的劣势表现在以下两个方面：个人独资企业实行无限责任制，因而风险

---

① 吴雅冰. 一人公司与个人独资企业的利弊剖析 [J]. 生产力研究，2008（4）：132-134.

相对较大；企业的规模较小，寿命通常有限。

二、个人独资企业的设立

（一）个人独资企业的设立条件

1. 投资人为中国公民

个人独资企业的投资人为一个自然人，且只能是具有中华人民共和国国籍的自然人，不包括外国自然人，所以外商独资企业不适用《个人独资企业法》，而适用《中华人民共和国外资企业法》。法律、行政法规禁止从事营利性活动的人，不得作为投资人申请设立个人独资企业。我国现行法律、行政法规规定的禁止从事营利性活动的人主要包括：①法官，即凡取得法官任职资格、依法行使国家审判权的审判人员；②检察官，即凡取得检察官任职资格、依法行使国家检察权的检察人员；③人民警察；④国家公务员；⑤现役军人。

2. 有合法的企业名称

个人独资企业的名称应当与其责任形式及从事的业务相符合。独资企业名称中不得使用"有限""有限责任""公司"字样，个人独资企业可以称为厂、店、部、中心、工作室等。

3. 有投资人申报的出资

投资人可以个人财产出资，或者以家庭共有财产出资。个人独资企业投资人在申请企业设立登记时明确以其家庭共有财产出资的，应当依法以家庭共有财产对企业债务承担无限责任。

4. 有固定的生产经营场所和必要的生产经营条件

生产经营场所包括企业的住所和与生产经营相适应的场所。住所是企业的主要办事机构所在地，是企业的法定地址。

5. 有必要的从业人员

个人独资企业要有与其生产经营范围、规模相适应的从业人员。

（二）个人独资企业的设立程序

1. 提出设立申请

申请设立个人独资企业，应当由投资人或者其委托的代理人向个人独资企业所在地的登记机关提出设立申请。市场监督管理部门是个人独资企业的登记机关。国家市场监督管理总局主管全国个人独资企业的登记工作。省、自治区、直辖市市场监督管理部门负责本地区个人独资企业的登记工作。市、县（区）市场监督管理部门负责本辖区内的个人独资企业登记。

投资人申请设立登记，应当向登记机关提交设立申请书、投资人身份证明、生产经营场所使用证明等文件。委托代理人申请设立登记时，应当出具投资人的委托书和代理人的合法证明。个人独资企业不得从事法律、行政法规禁止经营的业务；从事法律、行政法规规定须报经有关部门审批的业务，应当在申请设立登记时提交有关部门的批准文件。

2. 核准登记

登记机关应当在收到设立申请文件之日起 15 日内，对符合《个人独资企业法》规定条件的，予以登记，发给营业执照；对不符合《个人独资企业法》规定条件的，不予登记，并应当给予书面答复，说明理由。个人独资企业的营业执照的签发日期，为个人独资企业成立日期。

3. 分支机构登记

个人独资企业设立分支机构，应当由投资人或者其委托的代理人向分支机构所在地的登记机关申请登记，领取营业执照。分支机构经核准登记后，应将登记情况报该分支机构隶属的个人独资企业的登记机关备案。分支机构的民事责任由设立该分支机构的个人独资企业承担。实质上，个人独资企业分支机构的民事责任仍由投资人承担。登记机关应当在收到按规定提交的全部文件之日起 15 日内，作出核准登记或者不予登记的决定。核准登记的，发给营业执照；不予登记的，发给登记驳回通知书。

三、个人独资企业的权利和义务

（一）个人独资企业的权利

国家依法保护个人独资企业的财产和其他合法权益。个人独资企业依法享有经营自主权，可以依法申请贷款，依法取得土地使用权，并享有法律、行政法规规定的其他权利。任何单位和个人不得违反法律、行政法规的规定，以任何方式强制个人独资企业提供财力、物力、人力；对于违法强制提供财力、物力、人力的行为，个人独资企业有权拒绝。

（二）个人独资企业的义务

个人独资企业在享有权利的同时必须履行相关义务：①从事经营活动必须遵守法律、

行政法规，遵守诚实信用原则，不得损害社会公共利益；②依法履行纳税义务；③依法设置会计账簿，进行会计核算；④依法与职工签订劳动合同，保障职工的劳动安全，按时、足额发放职工工资；⑤按照国家规定参加社会保险，为职工缴纳社会保险费。

四、个人独资企业的事务管理

个人独资企业投资人对本企业的财产依法享有所有权，其有关权利可以依法进行转让或继承。企业的财产不论是投资人的原始投入，还是经营所得，均归投资人所有。

个人独资企业投资人可以自行管理企业事务，也可以委托或者聘用其他具有民事行为能力的人负责企业的事务管理。投资人委托或者聘用他人管理个人独资企业事务，应当与受托人或者被聘用的人签订书面合同，明确委托的具体内容和授予的权利范围。投资人对受托人或者被聘用的人员职权的限制，不得对抗善意第三人。这里所指的善意第三人，是指与个人独资企业有经济联系的第三人不知道投资人对受托人行使权利所作限制的事实，本着合法交易的目的，诚实地通过个人独资企业的事务执行人，与个人独资企业建立民事、商事法律关系的法人、非法人团体或自然人。

受托人或者被聘用的人员应当履行诚信、勤勉义务，按照与投资人签订的合同负责个人独资企业的事务管理。投资人委托或者聘用的管理个人独资企业事务的人员不得有下列行为：①利用职务上的便利，索取或者收受贿赂；②利用职务或者工作上的便利侵占企业财产；③挪用企业的资金归个人使用或者借贷给他人；④擅自将企业资金以个人名义或者以他人名义开立账户储存；⑤擅自以企业财产提供担保；⑥未经投资人同意，从事与本企业相竞争的业务；⑦未经投资人同意，同本企业订立合同或者进行交易；⑧未经投资人同意，擅自将企业商标或者其他知识产权转让给他人使用；⑨泄露本企业的商业秘密；⑩法律、行政法规禁止的其他行为。受托人或者被聘用的人员管理个人独资企业事务时违反双方订立的合同，给投资人造成损害的，应承担民事赔偿责任。

五、个人独资企业的解散与清算

（一）个人独资企业的解散

个人独资企业的解散是指个人独资企业因出现某些法律事由而导致其民事主体资格消灭的行为。根据《个人独资企业法》第二十六条的规定，个人独资企业有下列情形之一时，应当解散：①投资人决定解散；②投资人死亡或者被宣告死亡，无继承人或者继承人决定放弃继承；③被依法吊销营业执照；④法律、行政法规规定的其他情形。

（二）个人独资企业的清算

个人独资企业解散时，应当进行清算。《个人独资企业法》对个人独资企业清算作了以下规定：

1. 通知和公告债权人

个人独资企业解散，由投资人自行清算或者由债权人申请人民法院指定清算人进行清算。投资人自行清算的，应当在清算前 15 日内书面通知债权人；无法通知的，应当予以公告。债权人应当在接到通知之日起 30 日内，未接到通知的应当在公告之日起 60 日内，向投资人申报其债权。

2. 财产清偿顺序

个人独资企业解散的，财产应当按照下列顺序清偿：①所欠职工工资和社会保险费用；②所欠税款；③其他债务。

3. 清算期间相关禁止性规定

清算期间，个人独资企业不得开展与清算目的无关的经营活动。在按前条规定清偿债务前，投资人不得转移、隐匿财产。

4. 投资人的偿债责任

个人独资企业财产不足以清偿债务的，投资人应当以其个人的其他财产予以清偿。个人独资企业解散后，原投资人对个人独资企业存续期间的债务仍应承担偿还责任，但债权人在五年内未向债务人提出偿债请求的，该责任消灭。

5. 注销登记

个人独资企业清算结束后，投资人或者人民法院指定的清算人应当编制清算报告，并于 15 日内到登记机关办理注销登记。

第三章　国有资产管理与能源法律制度

第一节　国有资产管理法律制度

一、国有资产管理法的内容

（一）国有资产与国有资产管理

1. 国有资产的概念

国有资产，是指财产的所有权属于国家的资产。国有资产是国家所有权的客体。"国有资产管理是有关部门为了履行部门职责，实现单位高效运转的一项重要工作。一般来讲，国有资产的管理工作主要包括国有资产的出资、投资及经营等内容，是社会主义市场经济体制的一项核心内容。"①

国家是国有资产所有权的唯一主体。在我国，国有资产即中华人民共和国所有的资产。国有资产形态不仅包括有形财产，如固定资产和流动资产；还包括各种财产权利，如属于国家的债权、无形财产等。

2. 国有资产形成的方式

我国国有资产主要是通过以下四种方式形成的。

（1）国家凭借其权力依法取得和认定属于国家的资产。主要包括：依法没收的财产；除法律规定属于集体所有的土地、森林、山岭、草原、荒地、滩涂以外的土地、矿藏、水流、森林、山岭、草原、荒地、滩涂等自然资源；依法赎买的原资本主义工商业；依法征收、征用的土地；依法收取的罚金；认定和接收的无主财产和无人继承的财产；等等。

（2）国家投入的资本金及其收益所形成的财产。主要包括国家投入国有企业、中外合资与合作经营企业、股份制企业及其他企业的资本金及其收益。

（3）国家对行政和事业单位拨入的经费形成的国有资产。

---

①黄洪明. 县级国有资产管理的思考［J］. 财会学习，2022（35）：137-139.

（4）国家接受各种形式的馈赠形成的国有资产。包括我国公民赠与国家的财产。

3. 国有资产的分类

（1）经营性国有资产。经营性国有资产是指国家作为投资者，投资于各种类型的企业，用于生产、经营或者服务性活动而形成的国有资产及其权益。我国是以公有制为基础的社会主义国家，全民所有制占主导地位，经营性国有资产是国有资产中最重要的组成部分，是国有资产存量增长的基本渠道，也是国有资产管理的重点。经营性国有资产分布范围广，不仅包括生产领域和流通领域，也包括服务行业和企业化管理的事业单位，或者利用非经营性国有资产创收的单位。经营性国有资产营运的直接目的就是实现资本的增值，并通过多种经营方式，如授予经营权、控股或者参联经营、委托经营、承包经营、租赁经营等来实现营利的目的。

（2）非经营性国有资产。非经营性国有资产是指由国家以拨款或者其他形式形成的由相关单位占有、使用并依法确认为国家所有的各类资产。非经营性国有资产主要配置于各级党政机关，科学、教育、文化等事业单位和人民团体等非生产经营领域，并以这些财产为物质基础和手段，来实现各自的、行政的和社会的服务职能，而不得以营利为目的。该类国有资产一经形成，一般由占有单位无偿使用。

（3）资源性国有资产。资源性国有资产是指有开发价值的、依法属于国家的自然资源，即在现有条件下，通过对资源的开发，能带来一定经济价值的，根据法律规定，其权属为国家所有的各种自然资源。是不是资源性国有资产在很大程度上取决于科学技术的发展和法律的规定。人们只有利用科学技术手段对自然资源进行开发、利用并使其带来一定的经济价值，并且这种资源需要经过法律予以确认，才能成为资源性国有资产。没有以上两项条件就不能成为资源性国有资产。

4. 国有资产管理

国有资产管理，是指国有资产的所有者，即国家对属于国有资产所有权的行使、管理权限的划分、资产的运营状况、收益的享有、处分的归属等行为所进行的控制和监督。

（1）国有资产管理体制。我国国有资产管理体制的总体目标和基本框架，是建立中央政府与地方政府分别代表国家履行出资人职责，享有所有者权益，权利、义务和责任相统一，管资产和管人、管事相结合的国有资产管理体制。这个体制的基本内涵包括以下三点：

第一，坚持国家统一所有。明确国有资产最终所有权属于国家，归国家统一所有，各级政府对国有资产的管理、营运和监督都必须严格执行国家统一的法律法规，国家通过制定国有资产管理法授权政府代表国家统一行使国有资产所有权，必要时有权对资源进行统一配置。

第二，分级行使出资人职责。通过逐级授权，明确管理国有资产的范围，中央和地方政府分级行使出资人职责，负责所辖国有资产的管理、收益和处分。

第三，委托专门机构管理经营。政府行政管理部门与行使出资人职责的机构分设。各级政府成立国有资产管理的国有资产监督管理委员会（以下简称"国资委"），代表政府统一管理国有资产。由国资委授权具备条件的大型企业集团公司作为国有资产营运主体，具体行使所投资企业的出资人职责。

（2）国有资产管理机构。根据有关规定，我国建立中央政府和地方政府省、市两级的国有资产管理机构，即国资委。国资委的基本职责如下：制定国有资产营运战略方针、结构调整方案和投资发展规划，编制国有资产经营预算，选派和更换国有资产营运主体的董事、监事和财务总监，考核国有资产营运主体的营运业绩，决定国有资产营运主体的设立、分立、合并和变更等重大事项。其基本职责包括以下两点：

第一，国资委对国有资产营运主体行使出资人职责，通过授权明确国有资产营运主体的权利和义务。从有条件的大型企业集团公司中选择国有资产营运主体，可以是国有控股公司、投资公司、集团总公司、资产经营公司及金融资产管理公司等。国有资产营运主体按照投资份额依法对全资、控股及参股企业行使出资人职责，对所投资企业承担国有资产保值增值的责任，同时享有资本收益、重大决策和选择经营管理者的权利，但不介入企业的日常经营。

第二，管理的范围。国有资产管理体制要围绕调整国有经济的布局和结构这个中心，强调对不同领域和不同部门的国有资产进行分类管理。关系国家经济命脉和国家安全的大型国有企业、基础设施和重要资源的，由中央政府代表国家行使出资人职责，其他国有资产由地方政府代表国家履行出资人职责。

国家对国有资产的控制和监督是全方位的、多层次的。全国人民代表大会和地方各级人民代表大会主要是对政府的国有资产管理工作进行监督；各级政府的国有资产管理机构主要是对国有投资主体和国有资产营运者进行监督；企业要加强内部的自我约束和监督机制，特别是要发挥职工代表大会对企业领导班子的监督作用；而社会的中介机构主要是对国有资产的经营状况和财产的变动起监督作用。

（二）国有资产管理法的内涵和特征

1. 国有资产管理法的内涵

国有资产管理法是调整国家对国有资产进行管理过程中发生的经济关系的法律规范的总称。国有资产管理关系发生在国有资产所有者内部，即最高决策主体与中央管理主体及地方各级管理主体之间，各级管理主体与国有资产占有者、经营者之间及其内部对国有资产进行管理时所发生的各种关系。同时，国有资产管理关系也包括国有资产经营者之间、国有资产经营者与有关社会中介机构之间所发生的管理和监督关系。国有资产管理法的内容主要有对国有资产的授权营运、经营管理、收益处分及对国有资产清产核资、产权界定、产权登记、资产评估，对国有资产流失的查处等各类国有资产管理行为进行的规范。国家为了调整经济关系而制定的一系列法律规范，形成了国有资产管理法律制度。

2. 国有资产管理法的特征

（1）国有资产管理法是一种财产法与管理法相结合的法律制度。国有资产管理的一项重要内容是要确认国有资产的权属，明确国有资产所有权的主体，并通过立法明确该所有权的客体，如经营性国有资产、非经营性国有资产和资源性国有资产等。从这个角度来看，国有资产管理法是财产法。同时，国有资产管理法的另一个重要内容是对国有资产的管理，其大量实体内容是以管理为中心来展开的，从另一个角度来看，它又是管理法。

（2）国有资产管理法是以国有资产所有权的实施为中心内容的法律制度。国有资产管理法律关系的基本权利主体是国有资产的所有者——国家，其权利主体主要不是作为法人和自然人的一般民事主体，当权利主体作为国有资产管理法律关系的当事人出现时则必然是国有资产的占有者、使用者，是被管理的对象，而其实体内容则以国家所有权的实施为中心，其有效实施的受益者是全体社会成员。

（3）国有资产管理法的渊源是由众多规范性文件组成的。目前，我国尚未颁布国有资产的基本法律。国有资产管理法的渊源除了《宪法》和法律中的有关规定以外，主要是由国家行政机关制定和颁布的规范性文件。其中，国务院发布了《国有资产评估管理办法》《国有企业财产监督管理暂行条例》《企业国有资产产权登记管理办法》等；其余为财政部门和有关主管部门发布的部门规章；此外，还有大量地方性法规、地方政府规章等规范性文件。

二、国有资产管理法的基本制度

（一）国有资产的清产核资

1. 清产核资的概念

清产核资是指根据法定的条件和程序，对国有资产进行清查、界定、估价、核实、核销的活动。清产核资工作是国有资产管理的一项基础工作，由国家有关主管部门对国有资产进行清查，对产权进行界定，对国有资产和国有资源的价值进行重估，核实国有资产的价值总额，确定企业所占有的国有资本金，并进行登记。通过清产核资活动可以进一步了解国情，摸清国力，为国家进行宏观决策、制订国民经济和社会发展计划提供依据。通过清产核资，做到企业的产权明晰，为实行现代企业制度打下基础。

2. 清产核资的范围

清产核资的范围是指清产核资的对象，包括占有国有资产的一切单位，其重点和主要对象是国有企业，具体范围包括：①各地区、各部门所属的国有企业和实行企业化管理的事业单位，以及国有企业、单位以国有资产为主体投资举办并掌握实际控制权的各类国有控股企业；②各类国有金融企业，包括银行机构和各级政府、各业务部门及国有企业所属的信托投资公司、投资担保公司、财务公司、融资性租赁公司和证券公司等；③各地区、各部门和各国有企业、单位投资举办的境外企业和开设的各类境外机构；④各地区、各部门的各类行政、事业单位投资举办的具有企业法人资格的各种经济实体。

3. 清产核资的内容

清产核资的内容包括资产清查、资产价值重估、土地清查估价及资金核实等工作，具体如下：

（1）资产清查。资产清查是指对被清查企业和单位的各项资产、负债和所有者权益所进行的全面清理、核对和查实。这里的各类资产包括固定资产、流动资产、专项资产、无形资产、企业留成外汇额度、长期投资、在建工程及各类债权。清产核资工作要对上述资产进行全面清查、登记、核对、查实，并将清查结果按照国家统一规定的清产核资统计报表格式及资产目录填报报表，按规定时间上报有关主管部门。

（2）资产价值重估。资产价值重估，是指对被清产核资单位资产的账面价值与实际价值背离较大的主要固定资产进行重新估价。这是清产核资工作的一项重要内容。资产价值重估就是依据物价变动幅度，对原购建的固定资产进行重新估价，以确定该固定资产在特定时点上的实际价值，并以此为依据调整该固定资产的账面价值。通过资产价值重估工作来解决国有固定资产因物价变动而造成的固定资产账面价值与实际价值的背离，以准确真实地反映国有资产的实际价值，并以此来促进国有资产的优化配置和合理流动，客观准确地考核经营者业绩，处理好国家和企业的利益关系，保障国有资产的保值增值。

（3）土地清查估价。为了贯彻实行国有土地有偿使用制度和国有土地使用权有偿转让制度，需要对国有企业占有、使用的国有土地进行清查、估价和登记工作。这项工作的主要内容是全面清查单位使用土地的权属，划定土地界线，确定使用面积，同时要逐步开展对土地分等定级的估价工作。在此基础上，实行国有土地的有偿使用制度和国有土地使用权的有偿出让制度，贯彻实施土地管理法，把国有企业占用国有土地纳入价值化的管理轨道。

（4）资金核实。通过上述各项工作，清产核资工作还要对企业的固定资产、流动资产、无形资产、长期投资等资产财物的货币表现和价值反映进行核实和处理，并重新确定企业的实收资本、资本公积金等所有者权益，确定企业占用的国有资本金数额。

（二）国有资产的产权界定

1. 国有资产产权界定的概念

国有资产产权界定是指国家依法对应属于国家的财产确认其所有权归属的法律行为，这是国有资产管理的一项基础性工作。界定产权的归属包括财产所有权的界定和与财产所有权相关的其他产权的界定。前者是指特定的财产是否属于国家所有；后者是指在国家所有权的基础上派生出来的经营权的界定，即各类主体行使对国有资产占有、使用及依法处分的各项权利的界限和范围。为了规范这项工作，国家先后制定了《国有资产产权界定和产权纠纷处理暂行办法》《集体企业国有资产产权界定暂行办法》《集体科技企业产权界定若干问题的暂行规定》等规范性文件。

2. 国有资产产权界定的原则

国有资产产权界定主要遵循以下两项原则：

（1）"谁投资，谁拥有产权"的原则。对国有资产来讲，除了国家没收、征收和依法认定属于国家的财产之外，国家投资是国有资产形成的基本方式。国有资产产权不仅包括原始投资，还包括由于投资而形成的投资收益，即所有者权益。在有其他所有权投资的情况下，在界定各自产权时，应按照原始投资的份额来确定它们各自拥有的产权比例。通过产权界定，既要维护国有资产不受侵犯和经营使用者的合法权益，又不得侵犯其他财产所有者的合法权益。

（2）国有资产依法划转的原则。所谓依法划转，就是改变原来计划经济体制下行政划拨的做法，而是经由授权的投资机构或者授权投资部门，通过授权经营方式将一部分国有资产的经营权、管理权、持股权和使用权转移到有关单位，并依照划转的情况来确定产权归属。

（三）国有资产的产权登记

1. 国有资产产权登记的概念

国有资产产权登记，是指国有资产管理部门代表国家对占有、使用国有资产的单位的国有资产状况进行调查，确认其产权归属关系并进行登记的法律行为。国有资产登记制度是国有资产管理的一项重要内容，它是产权界定工作的延伸和发展。产权界定是产权登记的前提，产权登记则是对产权界定工作在法律上的确认。经过产权登记的国有资产的占有、使用权益受到法律保护。通过产权登记明确了出资者、经营者对国有资产所享有的权利和应承担的义务，以此来考核评估国有资产占有和使用的经营效益，有利于维护国家和占有单位的合法权益，使国有资产保值增值，防止国有资产流失。

2. 国有资产产权登记的范围和种类

根据《企业国有资产产权登记管理办法》的规定，凡国有企业、国有独资公司、持有国家股权的单位及以其他形式占有国有资产的企业，应向国有资产管理部门申报，办理产权登记。产权登记可分为如下五类。

（1）设立产权登记。新设的企业及新设立的行政事业单位占有和使用国有资产，均应在批准成立后的 30 日内，向国有资产管理部门办理单位开办产权登记，并提交批准设立文件，国有资产总额及其来源证明，已办妥的土地、房产证明复印件及其他应提交的文件资料。

（2）占有权登记。占有、使用国有资产的企业均应办理占有权登记。这是针对已经设立的占有、使用国有资产的企业而言的。登记的内容包括：出资单位名称、住所、出资金额及法定代表人，企业名称、住所及法定代表人，企业的资产状况、负债及所有者权益，企业的实收资本等。

（3）变动产权登记。国有资产产权变动登记适用于单位名称、住所、法定代表人、经济性质、主管单位等事宜发生变化，以及国有资产总额增减超过 20% 的单位。只有办理了产权变更登记后才能去工商行政管理部门办理有关变更登记。

（4）注销产权登记。适用于撤销、被合并、被兼并及破产等情况需要终止的企业单位。申办时应填报注销产权登记表，并提交相关的证明和文件。

（5）产权登记的年度检查制度。为了更好地加强对国有资产的清理，严格企业产权登记制度，有关法规还规定了产权登记年度检查制度。国有资产管理部门要按年度对办理了产权登记的企业进行产权登记检查。检查的主要内容有：国有资产产权占有、使用的情况；国有资产的增减变动手续是否完备；国有资产的保值增值情况及国有资产产权是否受到侵害等情况。企业应在工商年检前办理产权登记年度检查。

3. 产权登记的程序

（1）申请受理。需要申办产权登记的企业单位，向国有资产管理部门申报。经确认后，填写《国有资产产权登记表》。

（2）主管单位审查。申报企业单位将所填产权登记表报主管部门请求审查，主管部门经核实后签署意见。

（3）审核认定。国有资产管理部门对申请登记企业单位提交的各种文件、资料、证件及主管单位审查后的产权登记表进行审核，经审查合格后，在产权登记表上签署意见并加盖产权登记专用章，确认产权归属。

（4）核发证书。国有资产管理部门对审查合格的企业单位核发《国有资产授权占用证书》，并根据产权登记的不同类型核发产权登记表，对审定的变动登记表予以换发，对注销登记的予以收回，对年底产权检查的签署年度检查意见。

第二节　能源法律制度的具体内容

一、能源与能源法的界定

（一）能源和能源问题

能源是指能够提供某种形式能量的物质或物质运动，提供能量的物质包括能源资源和能源产品。能源资源是指未经劳动过滤的赋存于自然状态下的能源。能源产品是经过劳动过滤并符合人类需要的能源。提供能量的物质运动，即物质本身的做功，包括太阳能、水能、风能等非燃料能源。

能源的分类方法有很多，可以按不同的目的和开发利用要求，进行多种科学分类。按能源的生成方式，可以分为一次能源和二次能源；按能源的利用状况，可以分为常规能源和新能源；按能源的存在状态，可以分为固体能源、液体能源、气体能源、核燃料和载能体；按能源进入消费领域的方式，可以分为商品能源和非商品能源等。

上述分类在能源问题及其对策研究中具有重要意义。如一次能源和二次能源的分类，一次能源的生产和消费构成往往被统一折算成标准煤，用以分析一国能源生产和消费构成，分析能源结构及总量，确定一国能源的生产和消费水平、能源拥有量，以及可能产生的能源问题和应采取的对策。工业化国家一般以石油为主要能源结构，而波兰、中国、南非、印度等少数几个国家则以煤炭为主要能源结构，法国以核电为主要能源结构，俄罗斯以天然气为主要能源结构，由此产生了不同或不同侧重点的能源问题及对策。而且，一次能源和二次能源所要解决的问题不同，前者是合理勘探、开发，后者是合理转化利用。又如常规能源与新能源的分类，常规能源的拥有量往往被认为是能源稳定供应的基础，新能源的开发利用往往被认为是能源结构多样化的依据。能源的稳定供应与能源结构的多样化都是能源问题及其对策的重要组成部分。

21世纪，人类对能源的开发和利用进入了一个重大转折时期。有效地应对气候变化，满足日益增加的能源需求，将使未来的能源结构、利用方式产生深刻的变革。开发清洁能源、提高能源效率、促进节约能源、减少排放，正成为各国的新目标。世界经济正向着"清洁与绿色"迈进，一些国家在"绿色新政"中将发展新能源作为重要措施，这必将催生新的能源产业，加速能源转型进程，开启人类能源利用的新纪元，凸显能源与能源问题在人类未来发展中的地位。"能源是保障国家安全，促进经济发展，提高人民生活水平的重要物质基础。能源的开发利用的各个环节庞大而复杂，须构建完善的法律制度予以保障。"①

（二）能源法

1. 能源法的内容

（1）实质意义的能源法，是指关于能源合理开发、加工转换、储运、供应、贸易、利用及其规制，保证能源安全、有效、持续供给的能源法律规范的总称。实质意义的能源法表明：

第一，能源法的调整对象是经济关系的特定部分，即能源物质利益关系。这种关系是基于能源合理开发、加工转换、储运、供应、贸易、利用（统称能源开发利用）及其规制而发生的，并以这些行为为载体存在和表现的。因此，能源法在调整经济关系时是以确立行为主体资格及其行为规则和建立能源法律制度为内容的。

第二，能源法的调整以能源开发利用及其规制的合理化为出发点，以保证能源安全、有效和持续供给为归宿。能源的安全、有效和持续供给是法律合理安排和实施效果的评价标准。为此，能源法在设定规范和制度安排时，是以明确的价值倾向和手段选择为形式的。

（2）形式意义的能源法，是指能源法律规范借以表现的各种形式，包括制定法和非制定法。其中，制定法是主要的，包括关于能源的法律、法规、规章等规范性文件。我国在能源立法方面已经取得了较好的成绩，先后制定了《中华人民共和国电力法》、《中华人民共和国煤炭法》、《中华人民共和国节约能源法》、《中华人民共和国可再生能源法》（以下简称《可再生能源法》）等法律和不少关于能源的法规、规章等规范性文件。在这里，需要强调指出的是，制定一部在整个能源法领域中处于统率地位的，由全国人大审议通过的基本法律——《中华人民共和国节约能源法》，具有特别重要的意义。

---

①康景文．论我国能源法律制度的发展与完善［J］．法制博览，2018（7）：84-85.

2. 能源法的地位和作用

能源法作为独立的法的部门而存在是不以人的意志为转移的。

（1）能源问题的解决需要能源法。能源问题是一国经济和社会可持续发展的"瓶颈"，是一个国家安全和社会秩序稳定的前提，能源问题的解决已成为国家的一项根本性战略任务。因而，国家将能源问题的解决上升到法律，安排能源法及其制度形成长期和稳定的行为机制，使能源问题的解决制度化、法治化是历史的必然。

（2）能源物质利益关系的完整性、系统性和过程性特点及其调整方法的特殊要求，决定了必须有一个独立的法的部门——能源法对其进行完整、系统和全过程的调整。这种调整既不是其他法的部门所能替代的，也不是自然资源法、环境法所能包含的。

（3）能源法已为各国普遍采用，使能源开发利用及其规制合理化、有序化，为能源问题的解决提供了制度空间。

（4）能源法及其制度已同其他法律及其制度结合成有内在逻辑结构的法律和制度体系。例如，与环境资源法、经济法律和制度，不仅在制度实施上有结合，而且在法的部门的关系上也具有密不可分的性质。纵观世界各国，特别是工业化国家，能源法及其制度已经成为这些国家法的体系的重要部分，离开能源法及其制度，一个国家法的体系是不完整的。

当今世界，人类正处在从化石能源时代走向可再生能源时代的转折点，从工业文明走向生态文明的关键点，一场深刻的能源科技革命正在孕育和迸发之中。我们应在健全和完善能源法经济观的基础上，积极创建能源法的生态观，推动能源领域这场革命的发展。

二、能源法经济观

（一）能源法经济观的概念、意义和构成

1. 能源法经济观的概念

能源法经济观是一系列从经济角度分析、研究能源法思想与精神的理论和观念。能源法律规范的设立、法律制度的安排、法律结构的组合、法的体系的构建及法的功能和绩效等能源法的整个运作过程都直接或间接地受能源法经济观的支配。因此，学习和理解能源法经济观，特别是树立正确的能源法经济观是学好和领会能源法本质属性的基石。

从经济角度分析能源法的思想和精神基于以下三个基本认识，具体如下：

（1）能源法的依据是经济内容和结构。能源法是国家意志的表现，是国家为了实现既定目的所付出的主观努力，并追逐一定的物质利益。正是在这个意义上，能源法把经济内容和结构对能源法的决定作用放在第一位，要求能源法律规范、法律制度、法律结构、法

的体系及其制度功能和绩效全面体现经济规律和规则的内在要求，并以此为目的和动力，贯穿能源法从孕育到形成、从运作到变迁的全过程。

（2）能源法是经济发展的保证。作为国家意志，能源法既是经济的反映，又是经济发展的规范和制度。经济发展是以人的行为和客观物质的有机结合为条件的，而这种结合如何实现则取决于法律规范和制度。能源法通过规范人们的能源开发利用及其规制行为，形成相应的法律制度，保证能源开发利用及其规制长期稳定、安全持续、合理有效。只有对经济有深刻和准确的反映，能源法对经济的保障功能和绩效才是明显的。

（3）能源法与经济相互制约，共同构成能源法的思想和精神支柱。经济因素对能源法的重要影响和能源法对经济发展的保证作用，使能源法表现的国家意志既有丰富的内容，又有经济可行的认识基础，从而为能源法的思想和精神提供来源，能源法经济观是能源法的世界观和方法论。

2. 能源法经济观的意义

能源法经济观是以经济为尺度对能源法律规范、法律制度及其运作、变迁进行理论分析和价值评价的，这就使能源法公正、正义、科学的属性建立在需求与供给、成本与绩效、最大化、效率、均衡等分析和评价的基础上，使能源法的规范和制度都可以在经济上找到答案，使能源法的分析不再是空洞抽象的逻辑演绎，而是丰富具体的制度分析、制度比较和实证考察，从而使能源法立法、执法、司法、守法和对现行制度的诊断与评价成为富有经济成效的理性活动。能源法经济观是能源立法的思想基础、能源法执法的指导原则、能源法司法的价值准绳、能源法守法的评价标准，对现行能源法及其制度进行诊断的依据。

3. 能源法经济观的构成

能源法经济观由以下四部分构成，即能源持续发展观、能源市场供给观、能源政府规制观和能源技术创新观。它们的地位和作用是不同的：持续发展是目标，市场供给是途径，政府规制是保证，技术创新是条件，它们共同构成能源法经济观的完整理论体系。

（二）能源持续发展观

能源持续发展观是指在维护地球生态系统的基础上，通过能源法及其制度安排，使能源开发利用及其规制合理化，用以保证能源安全、有效、持续供给，满足社会持续发展的理念。能源持续发展观的含义是：维持地球生态系统的完整性是能源持续发展观的基石；能源的开发利用及其规制的合理化是能源持续发展的根本途径；能源法及其制度是能源开发利用及其规制合理化的制度基础；能源安全、有效、持续供给既是社会持续发展的必要条件，也是能源持续发展观的归宿。

作为能源法经济观核心的能源持续发展观由三方面理论和观念构成：能源持续发展是不超出生态系统和整个生物圈负载力情况下的发展；能源持续发展是合理开发利用能源资源及其产品的发展；能源持续发展是以能源法律制度为实施条件的发展。

能源持续发展观是能源法经济观的核心，各种能源法律及其制度都将以它作为理论根据，以它的实现作为目标和安排的基础，能源立法、执法、司法、守法和对现行能源法及其制度进行诊断和评价，都要以它作为哲学方法。因此，在能源法律制度建设中，能源持续发展观具有普遍的指导意义。

（三）能源市场供给观

能源市场供给观是指在承认能源资源价值的基础上，通过安排能源产权制度，确定和培育产权主体，界定产权边界和交易规则，将能源资源及其产品纳入市场供给制度，用以追求能源开发利用及其规制的合理化和能源安全、有效、持续供给的理论和观念。能源市场供给观的含义包括：①承认能源资源价值是能源市场供给观的哲学基础，如果不承认能源资源的价值，就不会有能源市场供给；②能源产权制度是能源市场供给观的手段，能源产权制度安排得是否合理，直接决定了能源市场供给的效率；③能源市场制度是能源市场供给实现的空间，离开能源市场制度，能源市场供给就无法实现；④能源开发利用及其规制的合理化和能源安全、有效、持续供给是能源市场供给观的目的，实现这一目的是能源法及其制度体现能源市场供给观的标志。

作为能源法经济观基础的能源市场供给观由以下理论和观念构成：承认能源资源的价值不仅是能源市场供给观的哲学基础，也是能源法及其制度之所以规范能源资源的哲学基础；能源资源及其产品的价值实现都是在市场交易中进行的，而产权安排则是能源市场交易的基础；能源的市场供给是不确定的，但不是无序的，它是通过一系列制度安排实现的。

能源市场供给观是能源法经济观的基础部分，是能源法及其制度结构的主要理论根据，因而被广泛用于能源法及其制度建设的各个方面，如能源资源法律制度、能源产品法律制度、能源供应与贸易法律制度建设等。

三、能源法体系

（一）能源法体系的内容和特点

1. 能源法体系的内容

能源法体系是指调整能源合理开发、加工转换、储运、供应、贸易、利用及其规制，保证能源安全、有效、持续供给的法律规范和法律制度组成的完整、统一、协调、由内在逻辑构成的系统。能源法体系既是一国能源法及其制度健全和完善的标志，也是一国法律制度建设的重要组成部分。

2. 能源法体系的特点

（1）调整矿产能源开发的能源法律规范和制度具有能源法和自然资源法的两重性，既可以成为能源法律规范和制度，也可以成为矿产资源法特别的规范和制度。

（2）能源法体系不是能源法律规范和制度的堆砌，而是一个有机的组合。"完整"意味着能源法律规范和制度覆盖面宽，贯穿能源开发利用的全过程；"统一"意味着能源法律规范和制度的意志趋向都是为了保证能源安全、有效、持续供给；"协调"意味着各种能源法律规范和制度无论出现得早晚，在哪一部法律中的规定都是一致的，而不是冲突的；"由内在逻辑构成"意味着能源法律规范和制度的地位、功能、效力、适用范围是不同的，是按一定逻辑规则进行排列的，每一项能源法律规范和制度都与整体有内在的联系。

（二）能源法体系的构成

能源法体系由能源矿业法、能源公共事业法、能源利用法、能源替代法等构成。

1. 能源矿业法

能源矿业法是规范矿产能源开发利用活动和方式的法律规范的总称。矿产能源（煤炭、石油等）构成了人类社会的主要能源结构，能源矿业法在能源法体系中具有重要地位。能源矿业法包括煤炭法、石油法、核能法。

2. 能源公共事业法

能源公共事业法是规范能源公共事业活动和方式的法律规范的总称。能源公共事业，如电力、煤气、天然气、热力供应等，都属于自然垄断性强、经济发展和人民生活所必需，以及具有公共性的能源产业。能源公共事业法包括电力法、天然气供应法、热力供应法等。

3. 能源利用法

能源利用法是规范能源利用活动和方式的法律规范的总称。能源利用法的功能在于使全社会用能合理化，提高能源利用效率，进而在不增加能源开发强度的基础上，满足社会经济和人民生活需要，最终达到能源的持续供给。能源利用法的名称因各国法律文化不一而趋于多样化，如节约能源法、能源使用合理化法、能源管理法等。

4. 能源替代法

能源替代法是规范替代能源开发利用活动和方式的法律规范的总称。能源替代是谋求能源多样化，主要是指替代石油、煤炭等常规化石燃料的能源。能源替代法包括太阳能法、生物质能法、风能法、地热能法、海洋能法等，或统称为可再生能源法。

四、可再生能源法

（一）可再生能源法的内容

1. 可再生能源法的界定

"可再生能源是人类在面临资源、环境、生态可持续发展困境时，利用技术创新改进动力供应与消费模式的探索。在法治社会中，这种探索必须依托彰显社会责任与公众义务的立法，并且需要与之匹配的社会心理与运行机制。这些条件都需要通过具体化的强制性规则清晰、准确、完整地表现出来，成为指导政府与社会具体行动的标准。"① 可再生能源法，是指调整人们在开发、利用、保护和管理可再生能源过程中，所发生的各种经济关系的法律规范的总称。《可再生能源法》所称的可再生能源包括风能、太阳能、水能、生物质能（通过低效率炉灶直接燃烧的方式利用秸秆、薪柴、粪便等除外）、地热能（含地温热源的热能）、海洋能等非化石能源。对水能的开发利用（水力发电），在不同地区、不同的电站总装机容量，会对生态环境造成不同程度的影响，要根据实际情况进行统筹安排，合理布局，有序开发。《可再生能源法》第二条第二款规定："水力发电对本法的适用，由国务院能源主管部门规定，报国务院批准。"

《可再生能源法》于第十届全国人大常委会第十四次会议通过，自 2006 年 1 月 1 日起施行。

2009 年 12 月 26 日，第十一届全国人民代表大会常务委员会第十二次会议通过了《全国人民代表大会常务委员会关于修改〈中华人民共和国可再生能源法〉的决定》（以下简称《决定》）。《决定》自 2010 年 4 月 1 日起施行。它突出强调了统筹规划的原则、市场配置和政府调控相结合的原则、国家扶持资金集中统一使用的原则。《决定》的通过和施行，有助于完善我国可再生能源法律制度，保障并推进我国可再生能源的健康发展。

2. 我国可再生能源立法的背景和意义

在发展的过程中，我国经济的持续、快速增长，给能源供应和环境状况带来了巨大的

---

① 宋彪. 论可再生能源法的强制性规则［J］. 江海学刊，2009（3）：149-154.

压力。面对可持续发展的严峻挑战，科学发展观所强调的是"自然、经济、社会"复杂关系的整体协调，所追求的是经济增长、社会进步和环境安全之间的平衡发展。

我国以煤炭为主体的能源结构长期面临供应短缺和环境污染两大问题，这种状况越来越不能适应经济、社会和环境协调发展的需要。我国拥有太阳能、风能、潮汐能、生物质能等丰富的资源，既用之不竭也不会给环境带来污染，具有大规模发展可再生能源的天然优势。大力开发利用可再生能源，实现能源的可持续供应和不断改善环境，是我国努力建设生产发展、生活富裕、生态良好的社会主义和谐社会，最终实现可持续发展的重要途径。当前，世界范围内的可再生能源技术发展迅速，在各类能源中增长最为迅速，在能源供应构成中的比例也逐年上升。

开发利用可再生能源已成为世界能源可持续发展战略的重要组成部分，成为大多数发达国家和一部分发展中国家 21 世纪世界能源发展战略的基本选择。我国《可再生能源法》从列入立法计划到通过仅用了 1 年半的时间，这种进展速度在我国立法史上是不多见的。这充分表明，人们高度关注加快开发、利用可再生能源，认识到开发利用可再生能源对推进我国经济社会可持续发展具有重要意义。从走新型工业化道路的角度来看，我国《可再生能源法》的实施将有利于调整能源结构和保障能源安全，有利于保护环境特别是改善大气环境质量，也是开拓新经济增长领域和创造更多就业机会的有效途径。据国际能源署（International Energy Agency，IEA）预测，到 21 世纪下半叶，可再生能源将逐渐取代传统化石能源而占据主导地位。

可再生能源领域的技术创新能力，将成为国家综合竞争能力的重要方面，也将是国家经济、社会发展和环境安全的重要保障。因此，制定和实施《可再生能源法》，积极推进可再生能源发展的法治建设，具有显著的前瞻性和战略性意义。

（二）可再生能源法律制度

1. 可再生能源总量目标制度

我国《可再生能源法》第七条第一款规定："国务院能源主管部门根据全国能源需求与可再生能源资源实际状况，制定全国可再生能源开发利用中长期总量目标，报国务院批准后执行，并予公布。"在法律中规定公布可再生能源发展的国家目标，是保证可再生能源发展的重要手段，欧盟许多成员国已经在法律或规划中具体规定了可再生能源发展目标，为开拓可再生能源市场提供了法律条件。为最终实现可再生能源发展的国家目标，法律规定国务院能源主管部门会同国务院有关部门，编制全国可再生能源开发利用规划，省级地方人民政府要根据本行政区域可再生能源开发利用中长期目标，编制本行政区域可再生能源开发利用规划。同时还明确规定，编制可再生能源开发利用规划，应当征求有关单位、专家和公众的意见，进行科学论证。经批准的规划要公布实施。这项制度的一系列规定，将中央和地方、目标和规划、政府和民众一环扣一环地紧密结合起来，是促进可再生能源开发利用的有力保障。

2. 可再生能源技术标准制度

技术标准制度是规范和培育可再生能源市场的前提之一。我国《可再生能源法》第十一条规定："国务院标准化行政主管部门应当制定、公布国家可再生能源电力的并网技术标准和其他需要在全国范围内统一技术要求的有关可再生能源技术和产品的国家标准。对前款规定的国家标准中未作规定的技术要求，国务院有关部门可以制定相关的行业标准，并报国务院标准化行政主管部门备案。"有了统一的技术标准，有利于开展对可再生能源设备和产品的检测、认证工作，有利于可再生能源的技术推广与服务，有利于推动国外先进可再生能源技术向国内转移，支持国内科研机构和企业向国外出口可再生能源技术和产品，促进可再生能源产业的发展。

第三节　能源法律制度的链接性互补

随着第三次工业革命浪潮席卷全球，世界各国的经济与社会发展正在经历从高碳模式向低碳模式的转变。作为最基础的物质生产原料，能源在人类社会的可持续发展路径中发挥着引领作用。中国的能源革命正是主动应对全球低碳发展趋势而作出的宏伟计划，建立健全能源法制体系不仅有利于为中国实现能源革命提供坚实保障，还有助于依法治国目标的有效实现。

一、能源法律制度结构

（一）制度结构的作用和意义

如果制度是规则，那么制度结构就是规则链接或规则关系。就像拔河比赛中的绳子充当的是力量移动的媒介，这就是制度结构的作用。虽然绳子只是工具，但缺乏绳子，游戏就无法进行。在这个意义上，制度结构就是制造某种链接方式，其本质是通过衔接规则在众多规则中建立规则秩序，任何制度功能的发挥都是在制度结构中实现的，没有制度结构也就没有制度。如果说制度是某种规则或规范的建构，那么制度结构就存在于规则或规范的链接之间，是制度的制度、规则的规则。只不过制度结构是制度的另一种表述或思考，只是充当了制度中的链接功能而已。

制度是人为的秩序，也就是说，在同样的技术条件下形态各异的制度形式都有其存在的可能性，而制度理性就要求人们在制度形式中寻找互补的制度安排，原因在于越是互补的制度安排，实现整体性的制度目标才越有可能。制度互补性是指各种制度之间相互补充、彼此强化的依赖性，其描述了这样一种表现形态：制度间共时性的相互依赖可能会形成均衡的结果。制度需要通过与其他制度兼容来实现单个制度的发展、完善。制度互补也是制度体系呈现整体性、层次性的实际要求。制度互补是制度化关联的一种典型情形，实际的过程可以这样表达：人们因决策空间或认知程度有限，其决策在参数上受到其他领域的制度影响，代表制度之间跨域的相互依存关系的制度互补性有可能随之出现。

（二）制度互补性的重要性

单独引入制度（国外的公司法和法律所有权制度）不足以完成建立一个市场导向型的公司治理结构的改革目的，进一步地，要想有效推动公司控制下的市场化制度的真正建立，不仅需要引入公司法与所有权制度，还需要在投资银行、证券分级和评级、基金管理、市场规制及合同和私有产权的司法实践等领域同时具备或培育足够的互补性制度支撑。

如果政府政策缺乏互补域的支持，政府的政策意图就不可能实现。因此，制度互补而不是其对立面，制度挤出或冲突是制度结构有效或制度绩效发挥的前提。包容性的制度会带来经济的长期持续增长，而汲取性的制度虽然也可能会带来经济增长，但这种增长不可持续。

正式和非正式的规则进行不同组合而形成的制度，约束着绝大多数经济活动，实践中，一部分制度要比其他更有成效的原因就在于这些制度与其他制度形成了互补关系而非挤出效应。而当一个制度破坏了另一个制度时，制度冲突（程度更加激烈的情形就是制度挤出）就会出现，进而阻碍制度功能的实现。整体性能源法律制度的功能实现需要财税制度、市场制度、产权制度、竞争制度等其他法律制度的支撑而非冲突，这种支撑由于强化了制度互补性而有助于制度目标的实现，而冲突则由于削弱了制度互补性而成为制度发挥功能的阻碍。

整体性制度安排的共时性结构纷繁复杂，为了改变一项低劣的制度安排，鉴于互补性的存在对制度功能实现的重要意义，这就要求同时改变互补性制度，然后通过互补性关系引发其他制度的连锁反应，进而促进制度在整体上完善。因此，能源法律制度作为整体域，互补性既体现在单项能源法律制度相互之间的内部链接上，还体现在单项能源法律制度与跨域法律制度的外部协调上。

（三）能源法律制度的结构与存在形态

法律制度从结构上是一个由一般性规范同适用与执行规范的个别性行为构成的综合体。法律的规范性结构，可以说是一种应然体的集合。法律应该具备制度结构，也就是当我们说起法律制度结构时，呈现的表象应该是一定的法律体系。如果一定的法律体系是法律制度结构的存在形态，那么承担能源法律制度结构的存在形态的就必然是能源法律体系。这不仅在于法律体系的建立与法律制度结构的形成具有一致性，还在于法律的体系化是法律制度结构的前提，更在于法律形成体系化的过程也是整合能源法律制度协调链接的同一过程，从这个角度来看，一国的能源法律制度结构要求能源法律必须形成体系，如果缺乏体系化的能源法律，能源法律规范的协调链接就无从实现，能源开发利用的规范化的法治目标也无法达成。然而，与理论上应当如此相反的是现状，全球范围内的能源法律制度结构并没有形成一个成熟的范式。这不仅在法学领域没有达成共识，也是各个国家法治建设的瓶颈，即使在法律制度较为完备的国家，能源法律制度结构的形成也只是一种理论推测。

除了能源问题的多变性和复杂性等原因之外，还可以从能源法律制度结构的链接角度来探究能源法律制度结构的复杂性。与其他领域的法律制度结构相比，能源法律制度结构更为复杂，因为它不仅涉及煤炭、石油、天然气、原子能、可再生能源的开发利用，节约能源及环境保护等专门的法律制度，还涉及政治、经济、外交等相关领域。能源法律制度结构的存在形式既包括能源法律体系，也包括一个国家法律体系中的其他构成部分；既包括强制性规范，也包括诱导性规范；既包括实体规范，也包括程序规范。其中，同一标准划分下的法律规则之间有效的链接在很大程度上决定了整体能源法律体系的水平。这种链接应该是相互补充和协调的，而不是冲突和排斥的，因为协调链接而不是冲突链接或排斥链接是制度结构的首选。

同时，能源法律体系也是能源法律制度结构的核心，而其他规则或规范则构成其制度环境。根据这一标准，能源法律制度的整体结构可以分为内部结构和外部结构两个部分。

1. 内部结构

能源法律制度的内部结构主要由能源法律体系下的各专门能源规范组成，如在20世纪80年代末颁布的《中华人民共和国煤炭法》和《中华人民共和国电力法》，以及2000

年后颁布的《中华人民共和国石油天然气管道保护法》《可再生能源法》《中华人民共和国节约能源法》。需要指出的是，这些规范都是单独的法律，每个能源法律规范调整其各自的能源部门，发挥相对独立的功能，彼此之间并没有明显的层级关系。然而，制度需要具有不同的层级，否则就无法形成结构。从这个意义上说，构成能源法律制度的内部结构的众多法律规则之间缺乏有效的链接或链接程度不足。

2. 外部结构

能源开发利用涉及国家基本经济制度和多重社会关系，因此除了单项能源法律制度之外，其他法律制度也要调整能源法律关系，共同构成作为重要制度环境的能源法律制度的外部结构。这些法律可以根据其自然属性分为自然资源类、环境保护类、经营类、竞争类和产业政策类，包括《中华人民共和国土地管理法》《中华人民共和国矿产资源法》《中华人民共和国民法通则》《中华人民共和国循环经济促进法》《反不正当竞争法》《中华人民共和国环境影响评价法》《中华人民共和国企业所得税法》《反垄断法》等。作为一个整体领域，能源法律制度的互补性既体现在单个能源法律制度之间的内在相互作用上，也体现在单个能源法律制度与跨领域法律制度之间的协调上。

制度结构的本质是通过链接制度在众多制度中建立规则或秩序，或者制造某种链接方式。没有制度结构，制度绩效就无法发挥。而制度结构不合理，也会导致较低的制度绩效与较高的制度成本，这解释了制度结构之于制度本身的重要作用。

制度结构是否能以较优的形式表现可以通过制度或规范之间的链接形态来判断，其中应该提倡协调或包容链接，摒弃冲突链接或挤出链接。具体来看，能源法律制度的内部、外部结构以不同的方式呈现着制度链接。其中，能源法律制度的内部结构发挥功能的场域仅限于能源法律制度的单一域内。协调链接一方面意味着各种能源法律制度的清晰层次，即在立法技术上能够实现能源法律规范与规范之间的逻辑自洽；另一方面也表现为能源安全、能源效率与环境保护等主要能源法制制度目标的实现。而能源法律制度的外部结构则存在于其他法律制度的跨域范围内，这意味着单项能源法律制度与其他法律制度之间的链接。从应然的角度来看，这种链接本质上是一种制度互补。

二、能源法律制度内部链接

（一）基于能源安全、能源效率和环境保护的链接

制度互补的内生性，意味着能源法律制度内部结构中，各单项能源法律制度或规范之间通过链接形成互补。各种能源品种的生产结构的内部平衡和相互平衡，以及由此决定的

能源结构的平衡本身就表明能源开发利用具有不可分割的共同规律与共同规则，这是能源法律制度形成制度内部结构的物质基础，也是从能源结构到制度结构的某种链接，在很大程度上体现着能源法律制度的内生性互补形态。

典型的物质基础包括能源安全、能源效率和环境保护，三者被认为在能源法律制度结构的形成过程中起决定作用。能源安全、能源效率和环境保护是在能源发展的历史变迁而逐步出现的，最初始的能源开发阶段只由能源安全单独构成能源法律制度结构。随着工业革命和能源技术的进一步提升，能源效率逐渐被纳入能源法律框架，与能源安全共同塑造更为理性的制度。随着人们认识到环境保护的重要性，能源法律逐渐揭示了能源开发利用与环境保护之间的关联，这为能源法律制定提供了更深层次的指引，至此形成了三者并立且相互关联的现代能源法律规范的初始结构。某一单项能源法律制度或规范实现了这三项基础约束，是能源法律制度完成内生性互补的重要条件。与此同时，实现从能源结构到制度结构的互动，能源法律制度还须具备符合其自身属性的必要条件，从技术上演绎能源法律规范或规则的逻辑自洽。

（二）能源安全、能源效率和环境保护的互补性与重要性

能源安全是能源法律制度的初始性制度，也是能源法律制度最为基础的安排；能源效率代表着能源法律制度发展趋于理性，基于能源法律制度发展到一定程度的继发性制度；而环境保护是可持续发展的保障性制度安排。能源法律制度的内生互补性要求单项能源法律制度既要考察能源安全性，又要强调能源的效率指标，还要重视对环境的有效保护，在能源安全、能源效率和环境保护三类基础约束下制定的单项能源法律制度才有可能实现彼此链接的互补。

增强能源安全意在提高能源供给能力与保障能源基本需求，提升能源效率意在提升能源利用水平与提高以能源为原材料的全要素生产率，加强环境保护意在最小化能源开发活动对生态环境的负面影响，为长期接近永久性的能源开发活动提供可能性。

优秀的能源供给能力是追求能源高效率的基石，能源的高效率又成为提升能源供给能力的手段，环境保护为能源供应能力与能源效率的实现提供了保障。可以说，能源效率是人们在追求能源安全目标过程中的伴生品，它的出现加速了能源安全目标的实现。

能源效率可以在短期内掩盖能源结构的作用，因为人们很难判断能源结构的优化是通过不同能源类别的比例优化完成的，还是通过提升能源效率完成的，或者可以理解为，很难在能源结构的优化结构中单独提炼出结构调整的作用与提高能源效率的作用。

（三）技术与社会限制下的能源发展挑战

从长期来看，单纯强调能源效率而不顾能源安全的单项能源法律规范是扭曲和失衡的，因其无法实现在能源法律制度内部结构中的互补链接。仍需注意的是，单项能源法律制度追求互补链接需要适度，要强调在合理使用能源资源的同时既考虑人类发展的需求因素，又要看到技术条件与社会组织的发展限制。技术条件与社会组织均为实现能源法律制度内部结构链接的载体，为了实现内生性互补，无论是技术条件发展还是社会组织的发展都应该以能源安全、能源效率和环境保护为目标，但必须考虑强度的适宜性，揠苗助长的制度链接反而会损害制度的互补性。在这个意义上，能源法律规范须关注能源技术的发展，并以当前能源技术发展现状及未来能源技术发展的可预测水平为规范基础。

随着能源技术的不断发展，无论是针对煤、石油等化石能源的开采生产技术，还是针对风能、太阳能等可再生能源的储能、运输技术都有所创新、有所突破，但是任何一个技术领域的发展局限是永恒存在的。在规范能源开发活动，尤其是能源技术活动时，技术条件的限制是关键的前置条件。单项能源法律制度通过规范市场组织的行为发挥作用。作为能源活动主体，市场组织不仅主导着各种受法律规制的能源活动，更受到来自自身的发展限制，前者即市场组织本源的发展局限，因为作为市场组织领导者不可能以绝对理性的状态对待和分析任何问题，作为能源活动的主体也只能处于有限理性或相对理性状态。对比新鲜事物，人们往往更偏爱自己熟悉的或者接触多的事物，体现在能源活动中，即市场组织更容易接受常规能源（主要是化石能源）而非可再生能源。

三、能源法律制度外部链接

制度存在内生性互补的同时，某个域中的均衡决策组合（制度）可能受其他域流行的制度影响，这揭示了制度的外生性互补形态。具体来讲，只要他域的行为人把某个域流行的制度看作参数，超出自己的控制范围，那么被作为参数的该域流行的制度就可以构成一种针对他域的制度环境。而制度环境存在的意义在于其很可能影响原制度的实现，因为制度之间存在互补，政策变化通过互补性域参与人决策之间的相互强化作用可能导致意想不到的整体性制度变迁。制度后果并不单一由该制度引起，发挥作用的还有起互补作用的其他制度，而这一点经常被人们忽略。能源法律制度外部结构是外生性链接产生的场域，包括影响能源法律单项制度的其他作为制度环境的制度。

（一）外生性制度互补对原制度绩效的影响

外生性制度互补通过影响原制度而发挥绩效。专家指出，这种连接性作用源自外部性或溢出现象，即每个域的制度都会对其他域产生影响，而这些效应通常未能在单一域的制度考虑中得到充分纳入。这些未被考虑的对其他域的效应有时被称为溢出效应或挤出效应。存在挤出效应或冲突链接的整体性制度就是某种程度上的汲取性制度，其与包容性制度的重要区别在于后者强调自由进入和市场竞争，即在这种制度下，没有人能够通过市场垄断、市场控制、不正当竞争等方式获得超额利润的机会。从这个意义上来说，自由竞争的市场环境可以促成包容性制度的形成，制度挤出效应可以通过完善的产权与竞争制度予以避免，从而使制度互补性发挥绩效，因为明确界定的产权和竞争的市场能够支持帕累托有效的竞争均衡。能源法律制度外生性互补可以从分析产权制度与竞争制度的维度进行考察。

1. 垄断与竞争

一般来讲，完全竞争的市场环境有助于降低交易成本，提升市场组织的效率，垄断则会增加交易成本，降低市场组织的效率。而能源市场是一种特殊的市场类型，垄断与竞争并存是能源市场的特点，因为能源资源的自然垄断性质，非完全竞争成为能源市场的普遍状态。法律规定一些能源领域只对国有企业开放，如石油、天然气，在这些领域，经常由几家大型油气企业控制整个市场而形成垄断；而一些能源领域面向各类企业开放，如太阳能，在这些领域的市场上各类企业展开竞争。开放何种能源领域的市场，设置多高的能源市场门槛，如何监管市场秩序及能源市场的退出机制都需要竞争法律制度予以规范。

2. 负外部性

能源市场区别于普通市场类型的另一特点是负外部性。靠市场自身的规律调节不能反映能源活动的负外部性，这些影响应当被视为市场组织的一部分成本，并在社会和市场间分摊。公地悲剧在能源市场的显现不仅增加了其他市场组织的交易成本，还增加了整个能源市场的系统成本，进而降低了能源绩效。在这个意义上，发挥政府这只"看得见的手"的作用将补足面对这种情况失灵的市场调节功能。将节能产品纳入国家鼓励类产业发展目录，调控能源产业规模，促进能源技术创新与支持能源基础设施及设备建设等内容都须通过环境保护类、经营类及产业政策类等其他法律制度规范予以确定。

市场主要通过价格信号影响市场组织调整行为，能源价格不仅受市场规律的调节，还受政府的调控，因此不同的能源品种在各类能源市场上的价格不仅反映了该能源品种的稀缺程度和供给状态，更是政府影响价格的各类政策的结果，如补贴（或负补贴）及税收。在市场规律的调节下，能源价格的弹性反映了能源产品的供给需求关系，为能源市场组织不断调整经营提供了信号和指南。随着煤炭价格的上涨，预计将会有更多能源企业被吸引进入煤炭业务开发领域，也会使煤炭企业扩大生产，增加产品供给。在政府的调控下，能源价格的弹性反映了政府对该能源行业的发展导向，为可再生能源发电提供补贴将促进可再生能源发电扩大产能，提高可再生能源发电企业的市场竞争力。

市场规律的调节通过上升或下降的市场价格增加或减少市场组织的利润，政府的调控通过增加或减少政府补贴而降低或提高市场组织的成本。能源价格的弹性是市场与政府共同作用的结果，同时也呈现了相关法律制度与能源法律制度的外生性互补特征。恢复能源的商品属性强调了能源价格应主要由市场供求影响，政府在控制环节和程度上扮演一定的角色。

（二）产权制度对资源配置效率的影响

产权制度通过交易费用来影响资源配置效率。有效率的制度追求降低交易费用和提高组织效率的主要手段是产权激励，能源产权的激励主要指清晰划定与调整产权范围和对产权提供保护的制度，既包括所有权，也包括发挥现实作用的使用类权利。因而产权制度是能源法律制度外生性互补产生的重要制度基础，它规定了组织对能源的所有利用活动及通过这种活动得到报酬的保护。在产权制度框架下，能源市场组织对自身开展活动有了明确的预期，进而总体上提高了能源资源配置效率。

同时，产权制度作为保障有助于降低能源市场组织交易费用，提高其效率，进而降低整体能源系统的交易费用，形成能源绩效。产权在多大程度上依法律制度的形式被界定、调整和保护，能源产业组织就在多大程度上被激励开展能源活动，能源资源也就在多大程度上被有效地开发和利用，得到优化配置，整体性能源法律制度也在多大程度上实现外生性的互补链接。

产权制度与能源法律制度的外生性互补还在于，不完善的产权制度下，能源市场组织因缺乏激励而开展不充分或无效率的能源活动，也将削弱单项能源法律制度或规范的绩效。

（三）竞争与垄断的能源市场与其他法律制度的外生性互补

竞争与垄断并存的能源市场环境与明确的产权界定是其他法律制度与能源法律制度形成外生性互补的关键领域，它们通过直接或间接作用于能源市场组织及其行为来影响交易费用以发挥功能。在理想的情景中，单项能源法律制度与这些法律制度相互配合，彼此强化，实现能源法律制度的外生性互补，推进整体性能源法律制度的互补与完善。

然而，把制度互补理解为均衡现象并不意味着它们必然有效率或具备绩效，即便一直存在要求改进的渐进努力，帕累托次优的整体性制度安排因各制度因素的互补性仍将呈现耐久性和稳固性，这可以抵御来自域内外的变化，使之成为能源制度发展的绩效障碍。这种制度发展过程中的路径依赖意味着能源法律制度的外生性互补的链接过程并不能简单完成，步履蹒跚的电力市场改革就是例证。

电力工业既不能完全靠市场发挥作用，也不能完全把市场挤出电力产业领域，前者会因市场失灵造成极大的社会与经济风险，而后者无助于高效解决我国的电力工业发展和电力供求平衡问题。尽管历经多轮电改，依旧没有打破电力市场多头监管的局面，正是能源法律制度和市场制度处于相互抑制与制度挤出的状态，导致电力市场化改革进展受到严重限制，这也表明实践中能源法律制度的外生性互补要比内生性互补具有更耐久和更稳固的影响。

第四章 《劳动合同法》及其司法适用

第一节 《劳动合同法》及其立法原则

一、劳动合同法的立法宗旨

《中华人民共和国劳动合同法》（以下简称《劳动合同法》）第一条规定："为了完善劳动合同制度，明确劳动合同双方当事人的权利和义务，保护劳动者的合法权益，构建和发展和谐稳定的劳动关系，制定本法。"从中可以归纳出我国《劳动合同法》的立法宗旨有以下三个方面：

第一，保护劳动者的合法权益。《劳动合同法》的立法宗旨之一是保护劳动者的合法权益。考虑到《劳动合同法》是一部社会法，劳动合同立法应着眼于解决现实劳动关系中用人单位不签订劳动合同、拖欠工资、劳动合同短期化等诸多侵害劳动者利益的问题，所以从构建和谐稳定的劳动关系的目标出发，立法还是定位于向劳动者倾斜。

第二，构建和发展和谐稳定的劳动关系。《劳动合同法》是实现劳动力资源的市场配置，促进劳动关系和谐稳定的重要法律制度。构建和发展和谐稳定的劳动关系是《劳动合同法》的最终价值目标。法律是社会关系和社会利益的调整器，任何立法都是对权利义务的分配和社会利益的配置，立法必须在多元利益主体之间寻找结合点，努力寻求各种利益主体之间，特别是同一矛盾体中的利益平衡。

第三，完善劳动合同制度，明确劳动合同中双方当事人的权利和义务。劳动合同是社会主义市场经济体制下用人单位与劳动者进行双向选择、确定劳动关系、明确双方权利和义务的协议，是保护劳动者合法权益的基本依据。制定《劳动合同法》，就是要规范劳动合同的订立、履行、变更、解除或者终止行为，明确劳动合同中双方当事人的权利和义务，促使建立和谐稳定的劳动关系，预防和减少劳动争议的发生。

二、劳动合同法的基本原则

每一部法律都有它的基本原则，无论是《宪法》、民法、经济法、行政法还是诉讼法。

基本原则是指一部法律的基本规范，是一部法律的指导思想和基本准则。任何一部法律都是由一个个的规范组成的，而基本原则就是一部法律中的基本规范，它像一条红线，贯穿于全部法律之中，规制和决定着其他的规范，其他规范不得违反基本原则的规定和精神，否则无效。"无论是劳动合同法的立法原则还是企业责任，调整劳资利益对于构建和谐的劳动关系有着重要的意义。"①

《劳动合同法》的基本原则，是指贯穿《劳动合同法》的基本规范，《劳动合同法》的其他规范受其规制，由其决定，不得与之相冲突、相矛盾，否则无效。《劳动合同法》第三条规定："订立劳动合同，应当遵循合法、公平、平等自愿、协商一致、诚实信用的原则。"由此可以把《劳动合同法》的基本原则解析为：合法原则、公平原则、平等自愿原则、协商一致原则、诚实信用原则。

（一）合法原则

合法原则是指订立劳动合同不得与法律、法规相抵触。这是劳动合同有效的前提和条件。违反法律、法规的劳动合同产生的后果是合同无效或可撤销。

1. 主体合法

所谓主体合法，是指订立劳动合同的双方当事人必须具有建立劳动关系的主体资格，即用人单位和劳动者都应具备劳动权利能力和劳动行为能力，能依法承担履行劳动合同的责任和义务。

（1）劳动者。对于劳动者而言，其主体资格是指必须具备法定的劳动年龄，具有劳动权利能力和劳动行为能力，符合国家招工政策等。劳动者的字面意义为"劳动的人"，是对从事劳作活动的一类人的统称。劳动者是一个含义非常广泛的概念，凡是具有劳动能力、以从事劳动获取合法收入作为生活资料来源的公民都可被称为劳动者。从法律角度而言，劳动者是指达到法定年龄，具有劳动能力，以从事某种社会劳动获得收入作为主要生活资料来源，依据法律或合同的规定，在用人单位的管理下从事劳动并获取劳动报酬的自然人。

《中华人民共和国民法典》（以下简称《民法典》）规定，十八周岁以上的自然人为成年人。具有完全民事行为能力，可以独立进行民事活动，是完全的民事行为能力人。换言之，一般意义上的劳动者应该是成年人，即年龄必须达到十八周岁。《民法典》规定，成年人为完全民事行为能力人，可以独立实施民事法律行为。十六周岁以上的未成年人，

---

①陈雪来. 关于《劳动合同法》的若干思考［J］. 商，2012（15）：117.

以自己的劳动收入为主要生活资料来源的，视为完全民事行为能力人。然而，《中华人民共和国劳动法》（以下简称《劳动法》）第六十四条规定："不得安排未成年工从事矿山井下、有毒有害、国家规定的第四级体力劳动强度的劳动和其他禁忌从事的劳动。"第五十八条第二款规定："未成年工是指年满十六周岁未满十八周岁的劳动者。"换言之，已满十六周岁不满十八周岁的未成年人，在劳动合同约定的权利义务关系不违背有关法律、法规的前提下，也可以成为劳动者，但没有被允许从事大众化的劳动。

原则上未满16周岁的自然人不能成为《劳动合同法》中规定的劳动者，这主要是从保护未成年人的角度出发的，未成年人的身体条件还不适合从事一般的劳动。但是也有例外情况。《劳动法》第十五条第二款规定："文艺、体育和特种工艺单位招用未满十六周岁的未成年人，必须遵守国家有关规定，并保障其接受义务教育的权利。"也就是说，对于此种情况则可以例外地允许其成为劳动者，但是应该满足国家的特别法律规定。任何一方如果不具备订立劳动合同的主体资格，所订立的劳动合同违法，如使用童工。

（2）用人单位。用人单位是指中华人民共和国境内的企业、个体经济组织、民办非企业单位、国家机关、事业单位、社会团体、居民委员会及依法成立的会计师事务所、律师事务所等合伙组织和基金会。企业设立的分支机构，依法取得营业执照或者登记证书的，属于本解释所称的用人单位；未依法取得营业执照或者登记证书的，不属于本解释所称的用人单位，但可以受用人单位委托与劳动者订立劳动合同；自然人、家庭和农村承包经营户不属于用人单位。

2. 目的合法

目的合法是指双方当事人订立劳动合同的宗旨和实现法律后果的意图不得违反法律、法规的规定。劳动者订立劳动合同的目的是实现就业，从事社会工作，获得劳动报酬，以维持生活和满足生存需要；用人单位订立劳动合同的目的是使用劳动力来组织社会生产劳动，发展经济，创造效益。

目的合法往往是双方当事人内心的行为动机，一般不易表现出来。因此，当事人订立劳动合同时不得以订立劳动合同的合法形式掩盖其含有不法意图的内容，达到非法目的。

3. 内容合法

内容合法是指双方当事人在劳动合同中确定的具体的权利与义务的条款必须符合法律、法规和政策的规定。劳动合同的内容涉及工作内容、工资分配、社会保险、职业培训、工作时间和休息休假及劳动安全卫生等多方面，劳动合同在约定这些内容时，不能违背法律、法规和政策的规定。例如，员工工资的约定不得低于当地政府规定的最低工资标准，员工每日标准工作时间不得超过8小时，等等。

任何侵害法律、法规赋予用人单位和劳动者的基本权利的内容，即使是双方当事人协商一致的，也应视为无效合同或无效条款。

4. 程序和形式合法

程序合法是指劳动合同的订立必须按照法律、行政法规所规定的步骤和方式进行，一般要经过要约和承诺两个步骤，具体方式是先起草劳动合同书草案，然后由双方当事人平等协商，协商一致后签约。

形式合法是指劳动合同必须以法律、法规规定的形式签订。民事合同的法律形式有口头形式、书面形式和其他形式。而《劳动合同法》第十条明确规定了订立劳动合同必须是书面形式而不允许是口头形式，非全日制用工除外。《劳动合同法》第八十二条还规定了不订立书面合同的法律责任，即用人单位自用工之日起超过 1 个月不满 1 年未与劳动者订立书面劳动合同的，应当向劳动者每月支付 2 倍的工资。对劳动者造成损害的，还要承担赔偿责任。

（二）公平原则

公平原则指在劳动合同订立过程及劳动合同内容的确定上应体现公平。公平原则强调了劳动合同当事人在订立劳动合同时，对劳动合同内容的约定，双方承担的权利义务中不能要求一方承担不公平的义务。如果双方订立的劳动合同内容显失公平，那么该劳动合同中显失公平的条款无效。例如，因重大误解导致的权利义务不对等，对同岗位的职工提出不一样的工作要求，对劳动者的个人行为作出限制性规定，等等。

因此，《劳动合同法》规定，用人单位免除自己的法定责任、排除劳动者权利的劳动合同无效。

（三）平等自愿原则

1. 自愿原则

自愿是指订立劳动合同必须出自双方当事人的真实意愿，是在充分表达各自意见的基础上，经过平等协商而达成的协议。任何一方都可以拒绝与对方签订劳动合同，同时任何一方都不得强迫对方与自己签订劳动合同，不得将自己提出的条款强加给另一方，不得乘人之危订立劳动合同。采取暴力、威胁、欺诈等手段或乘人之危订立的劳动合同无效。

2. 平等原则

平等原则既是劳动合同法的基础，也是劳动合同法的主旨。这里的平等，是指劳动关系双方当事人法律地位上的平等。其含义主要如下：

（1）劳动者只要具备《劳动法》规定的劳动权利能力和劳动行为能力，就享有与他人一样平等的就业机会。

（2）劳动者不应因民族、种族、性别、宗教信仰不同而受到歧视和非法辞退，且不得降低劳动报酬及其他福利待遇。

（3）平等性原则并不排斥公权力意志的强力干预。劳动关系双方实力差距的悬殊性和劳动关系的社会化特征，为公权力意志的干预提供了基础。

（4）平等性原则不仅表现在缔约阶段的双方当事人地位平等，还表现在劳动合同的变更和解除阶段双方的法律地位也是平等的。在合同的履行过程中，尽管用人单位对劳动者有管理权和支配权，但劳动者的人格权不受非法侵犯。用人单位不得使用暴力、威胁或强制方法强迫劳动者劳动，不得非法侵犯其姓名权、名誉权、肖像权、隐私权等，不得以不安全的生产条件和超过法定标准的职业性危害因素场所对劳动者的健康和生命权构成侵害。

（四）协商一致原则

协商一致是指在劳动合同的订立过程中，双方当事人对合同条款的制定和接受的过程应当符合当事人的意愿，确保合同条款是当事人真实的意思表示。真实的意思表示，是指行为人表现于外部的意志与其内心的真实意志一致，即行为人表示要追求的某种结果是其内心真正希望出现的结果。凡是违背当事人真实意愿的行为即构成意思表示不真实。这类行为可由虚假表示、误解、欺诈、胁迫、乘人之危等原因引起。

协商一致原则是平等自愿原则的体现和深化，只有通过协商达到一致，才能得到基于平等自愿基础之上的结果。协商一致原则的关键在一致，协商是手段、过程，一致是目的。如果订立劳动合同时，当事人虽然经过了协商，但仍存在分歧，未能达成一致的意思表示，那么劳动合同不能成立。协商一致原则是维护劳动关系双方合法权益的基础。劳动合同订立时，合同的全部内容都必须在协商一致以后签字。

（五）诚实信用原则

诚实和信用原则是生活中众多道德标准中的两种，法律将其从道德标准上升为法律标准，但因其难以具体化、条文化，所以将其定为基本原则在法律中规定，并从签订劳动合同的行为中进行考察。

诚实信用原则要求当事人订立劳动合同的行为必须诚实，双方为订立劳动合同提供的信息必须真实。双方当事人在订立与履行劳动合同时，必须以自己的实际行动体现诚实信用，互相如实陈述有关情况，并忠实履行签订的协议。当事人一方不得强制或者欺骗对方，也不能采取其他诱导方式使对方违背自己的真实意思而接受对方的条件。以欺诈手段签订的劳动合同，受损害的一方有权解除劳动合同。《劳动合同法》明确了以欺诈手段签订的劳动合同无效或者部分无效的同时，对当事人存在欺诈情形的，允许另一方当事人解除劳动合同。

当劳动合同条款的表述出现歧义时，法律规定按照有利于劳动者的解释处理。

第二节　劳动合同的主要内容

劳动合同的主要内容应包括劳动合同期限、工作内容、劳动保护和劳动条件、劳动报酬、劳动纪律、劳动合同终止的条件、违反劳动合同的责任等。为此，劳动合同必须完备和明确，这是法律对劳动合同的基本要求。依据劳动合同的内容可将劳动合同的主要内容分为以下两个方面：一方面是必备条款的内容，另一方面是协商约定的内容。

一、劳动合同的必备条款

劳动合同的必备条款是指法律规定必须具备的条款。《劳动合同法》第十七条规定："劳动合同应当具备以下条款：①用人单位的名称、住所和法定代表人或者主要负责人；②劳动者的姓名、住址和居民身份证或者其他有效身份证件号码；③劳动合同期限；④工作内容和工作地点；⑤工作时间和休息休假；⑥劳动报酬；⑦社会保险；⑧劳动保护、劳动条件和职业危害防护；⑨法律、法规规定应当纳入劳动合同的其他事项。"

二、劳动合同的约定条款

除劳动合同的必备条款外，用人单位与劳动者还可以在劳动合同中约定试用期、服务期、培训、保守秘密、补充保险和福利待遇等其他事项。

（一）试用期

试用期是指用人单位和劳动者双方相互了解、确定对方是否符合自己的招聘条件或求职条件而约定的考察期。

1. 试用期期限类型

（1）劳动合同期限3个月以上不满1年的，试用期不得超过1个月。

（2）劳动合同期限 1 年以上不满 3 年的，试用期不得超过 3 个月。

（3）3 年以上固定期限和无固定期限的劳动合同，试用期不得超过 6 个月。

（4）以完成一定工作任务为期限的劳动合同或者劳动合同期限不满 3 个月的，不得约定试用期。

同一用人单位与同一劳动者只能约定一次试用期。试用期包含在劳动合同期限内。劳动合同仅约定试用期的，试用期不成立，该期限为劳动合同期限。

2. 试用期限制性

（1）劳动者在试用期的工资不得低于本单位相同岗位最低档工资或者劳动者合同约定工资的 80%，并不得低于用人单位所在地的最低工资标准。

（2）在试用期间，除劳动者有不符合录用条件，有违规、违纪、违法行为，不能胜任工作等情形外，用人单位不得解除劳动合同。用人单位试用期解除劳动合同的，应当向劳动者说明理由。

（二）服务期

服务期通常是指劳动合同中约定的或者由双方另外约定的、规定劳动者必须在用人单位工作一定时间的约定。

1. 服务期与合同期限的关系

（1）通常服务期与劳动合同的期限相一致。

（2）当服务期长于劳动合同的期限时，服务期的超出部分仍有效力。

（3）服务期的规定限制了劳动者的权利，如果没有服务期的约定，劳动者只需提前 30 天通知用人单位，即可解除合同。

（4）有服务期的约定，劳动者必须服务到所约定的时间，在服务期未满的情况下辞职要承担违约责任。

2. 约定服务期的条件

《劳动合同法》第二十二条规定："用人单位为劳动者提供专项培训费用，对其进行专业技术培训的，可以与该劳动者订立协议，约定服务期。"与劳动者订立协议，约定服务期的培训是有严格的条件的。

（1）用人单位提供专项培训费用。按照国家规定，用人单位必须按照本单位工资总额的一定比例提取培训费用，用于对劳动者的职业培训，这部分培训费用的使用不能作为与劳动者约定服务期的条件。

（2）对劳动者进行专业技术培训，包括专业知识和职业技能培训。

（3）培训的形式，既可以是脱产的、半脱产的，也可以是不脱产的。不管是否脱产，只要用人单位在国家规定提取的职工培训费用以外，专门花费较高数额的钱送劳动者去进行定向专业培训的，就可以与该劳动者订立协议，约定服务期。

法律之所以规定服务期，是因为用人单位对劳动者有投入并导致劳动者获得利益。用人单位为劳动者提供培训费用，并支付劳动报酬和其他待遇，使劳动者学到了本事。同时，用人单位使劳动者接受培训的目的，在于劳动者回来后为单位提供约定服务期期间的劳动，劳动者服务期未满离职，会导致用人单位期待落空，通过约定服务期，可以大体平衡双方利益。

（三）保守商业秘密和竞业限制

对负有保密义务的劳动者，用人单位可以在劳动合同或者保密协议中与劳动者约定竞业限制条款，在解除或者终止劳动合同后，在竞业限制期限内按月给予劳动者经济补偿。劳动者违反竞业限制约定的，应当按照约定向用人单位支付违约金。劳动者违反劳动合同中约定的保密义务或者竞业限制，给用人单位造成损失的，应当承担赔偿责任。

第三节 劳动合同的履行、变更、解除与终止

一、劳动合同的履行

劳动合同的履行，指用人单位和劳动者分别按照劳动合同的约定，完成各自义务的行为。劳动合同一经订立就具有法律效力，受法律保护，用人单位和劳动者都应做到切实履行，以达到劳动合同双方当事人订立劳动合同时的预期目的。

（一）劳动合同履行的原则

1. 实际履行原则

劳动合同的履行需要双方当事人以现实情况为依据，相互理解和配合，协作履行。一方面要求劳动者以主人翁的姿态关心用人单位的利益和发展，理解用人单位的困难，为用人单位的发展出谋划策；另一方面也要求用人单位爱护劳动者，体谅劳动者的实际困难和需要。在履行劳动过程中发生劳动争议时，双方当事人都应从大局出发，根据《劳动法》《劳动合同法》等法律法规，结合实际情况及时协商解决，从而保持和谐稳定的劳动关系。

2. 全面履行原则

全面履行原则要求劳动合同的双方当事人必须按照劳动合同约定的时间、地点、期限，用约定的方式全面履行自己承担的义务，既不能只履行部分义务，也不能擅自变更劳动合同，更不能随意不履行劳动合同或者解除劳动合同。对用人单位而言，必须按照劳动合同约定向劳动者提供适当的工作场所和劳动安全卫生条件，并根据约定的金额和支付方式按时向劳动者支付劳动报酬；对劳动者而言，必须遵守用人单位的规章制度和劳动纪律，认真履行自己的劳动职责，全面完成劳动合同约定的工作任务。

3. 亲自履行原则

劳动关系是具有人身关系性质的社会关系，劳动者选择用人单位是基于自身经济、个人发展等利益关系的需要，而用人单位选择劳动者是由于该劳动者具备用人单位所需要的基本素质和要求。劳动关系确定后，劳动者不能将应由自己完成的工作交由第三方代办，用人单位也不能将应由自己对劳动者承担的义务转嫁给第三方承担，未经劳动者同意，不能随意变更劳动者的工作性质、岗位，更不能擅自将劳动者调到其他用人单位工作。

（二）用人单位的权利与义务

1. 用人单位的权利

（1）自主录用职工的权利。用人单位有权按国家规定和本单位需要择优录用职工，可以自主决定招聘的时间、条件、数量、用工形式等。

（2）自主分配劳动报酬的权利。用人单位有权按国家规定确定工资分配办法，自主决定晋级增薪、降级减薪的条件和时间等。

（3）依法支配劳动者劳动力的权利。用人单位与劳动者签订劳动合同后，就能获得一定范围内劳动者的劳动力使用权，并有权根据实际情况给劳动者制定合理的劳动定额。对于用人单位规定的合理的劳动定额，在没有出现特殊情况时，劳动者应当予以完成。

（4）约定服务期的权利。《劳动合同法》第二十二条规定，用人单位为劳动者提供专项培训费用，对其进行专业技术培训的，可以与该劳动者订立协议，约定服务期。劳动者违反服务期约定的，应当按照约定向用人单位支付违约金。违约金的数额不得超过用人单位提供的培训费用。用人单位要求劳动者支付的违约金不得超过服务期尚未履行部分所应分摊的培训费用。

（5）依法解除劳动合同的权利。《劳动合同法》第三十九条规定："劳动者有下列情形之一的，用人单位可以解除劳动合同：①在试用期间被证明不符合录用条件的；②严重违反用人单位的规章制度的；③严重失职，营私舞弊，给用人单位造成重大损害的；④劳动者同时与其他用人单位建立劳动关系，对完成本单位的工作任务造成严重影响，或者经用人单位提出，拒不改正的；⑤因本法第二十六条第一款第一项规定的情形致使劳动合同无效的；⑥被依法追究刑事责任的。"

《劳动合同法》第四十条规定："有下列情形之一的，用人单位提前三十日以书面形式通知劳动者本人或者额外支付劳动者一个月工资后，可以解除劳动合同：①劳动者患病或者非因工负伤，在规定的医疗期满后不能从事原工作，也不能从事由用人单位另行安排的工作的；②劳动者不能胜任工作，经过培训或者调整工作岗位，仍不能胜任工作的；③劳动合同订立时所依据的客观情况发生重大变化，致使劳动合同无法履行，经用人单位与劳动者协商，未能就变更劳动合同内容达成协议的。"

（6）依法约定竞业限制的权利。《劳动合同法》第二十三条规定："用人单位与劳动者可以在劳动合同中约定保守用人单位的商业秘密和与知识产权相关的保密事项。对负有保密义务的劳动者，用人单位可以在劳动合同或者保密协议中与劳动者约定竞业限制条款，并约定在解除或者终止劳动合同后，在竞业限制期限内按月给予劳动者经济补偿。劳动者违反竞业限制约定的，应当按照约定向用人单位支付违约金。"

2. 用人单位的义务

（1）履行告知义务。用人单位应将直接涉及劳动者切身利益的规章制度和重大事项决定公示，或者告知劳动者。《劳动合同法》第八条规定："用人单位招用劳动者时，应当如实告知劳动者工作内容、工作条件、工作地点、职业危害、安全生产状况、劳动报酬，以及劳动者要求了解的其他情况；用人单位有权了解劳动者与劳动合同直接相关的基本情况，劳动者应当如实说明。"用人单位的告知义务保护了劳动者对工作的知情权和选择权，确保劳动者在公平、平等、自愿的基础上与用人单位订立劳动合同，从而实现劳动合同双方当事人信息对等交流，避免或减少不必要的劳动纠纷。

（2）按时支付劳动报酬的义务。用人单位应按照劳动合同约定和国家规定，向劳动者及时足额支付劳动报酬。

首先，用人单位应及时支付劳动者报酬。依照《劳动法》和其他有关规定，用人单位应当每月至少发放一次劳动报酬。实行月薪制的用人单位，工资必须按月发放；实行小时工资制、日工资制、周工资制的用人单位的工资也可以按小时、按日、按周发放。超过用人单位与劳动者约定的支付工资的时间发放工资的，即构成拖欠劳动者劳动报酬的违法行为，须依照劳动合同法和其他有关法律法规承担一定的法律责任。

其次，用人单位应当足额向劳动者支付劳动报酬。劳动者的工资获得权和使用权受法律保护，不得随意扣除工资，企业不得将扣发工资作为针对职工的处罚性手段。用人单位拖欠或者未足额支付劳动报酬的，劳动者可以依法向当地人民法院申请支付令，人民法院应当依法发出支付令。

（3）依法参加社会保险的义务。社会保险是国家强制实行的一种社会保险制度，用人单位和劳动者必须依法参加社会保险，缴纳社会保险费。

（4）提供职业技能培训的义务。用人单位提供职业技能培训对于用人单位和劳动者而言是一种双赢行为，职业技能培训不但能提高劳动者的劳动效率，还可以提高用人单位的劳动生产率和用人单位的生产效益。

（5）严格执行劳动定额标准，不得强迫或者变相强迫劳动者加班。我国实行劳动者 8 小时工作制，即劳动者每日工作时间不得超过 8 小时、平均每周工作时间不得超过 44 小时的工时制度，用人单位应当保证劳动者每周至少休息 1 日。用人单位安排劳动者加班应严格控制延长工作时间的限度，一般每日不得超过 1 小时，因特殊原因需要延长工作时间的，在保障劳动者身体健康的前提下，延长工作时间每日不得超过 3 小时，但是每月不得超过 36 小时。用人单位安排加班的，应当按照国家有关规定向劳动者支付加班费。支付加班费的具体标准：在标准工作日内安排劳动者延长工作时间的，支付不低于工资的150%的工资报酬；休息日安排劳动者工作又不能安排补休的，支付不低于工资的200%的工资报酬；法定休假日安排劳动者工作的，支付不低于工资的300%的工资报酬。

（6）切实保护劳动者安全卫生权利的义务。用人单位必须为劳动者提供符合国家规定的劳动安全条件和必需的劳动防护品，对从事有职业危害作业的劳动者应当定期开展健康体检。

（三）劳动者的权利与义务

1. 劳动者的权利

（1）依法获得劳动报酬的权利。劳动报酬是劳动者为用人单位提供劳动而获得的各种报酬，劳动者只要根据用人单位安排完成约定的工作任务，就有权要求用人单位支付相应的劳动报酬。

（2）依法获得休息休假的权利。《宪法》规定，劳动者有休息的权利。我国实行 8 小时工作制，用人单位应当保证劳动者每周至少休息 1 日，根据工龄长短，劳动者还依法享有一定天数的带薪年休假。

（3）享受社会保险和福利的权利。享受社会保险和福利的权利是指劳动者在遇到年老、疾病、工伤、失业、生育等劳动风险时，获得物质帮助和补偿的权利。这是享受劳动报酬权的补充和延伸。我国《劳动法》规定劳动保险包括：基本养老保险、基本医疗保险、工伤保险、失业保险等。

（4）接受职业技能培训的权利。劳动者不但要熟练掌握生产技能，而且要懂业务理论知识。只有赋予劳动者接受职业技能培训的权利，才能保障劳动者获得应有的知识和技能，不断提升工作水平，更好地完成各项劳动任务。

（5）依法获得劳动保护的权利。用人单位必须建立、健全劳动安全卫生制度，严格执行国家劳动安全卫生规程和标准，对劳动者进行劳动安全卫生教育，防止劳动过程中的事故，减少职业危害。用人单位还必须为劳动者提供符合国家规定的劳动安全卫生条件和必要的劳动防护用品，对从事有职业危害作业的劳动者应当定期进行健康检查。

（6）依法参与企业民主管理的权利。根据《劳动法》的有关规定，用人单位在制定、修改或者决定有关劳动报酬、工作时间、休息休假、劳动安全卫生、保险福利、职工培训、劳动纪律及劳动定额管理等直接涉及劳动者切身利益的规章制度或者重大事项时，应当经职工代表大会或者全体职工讨论，提出方案和意见，与工会或者职工代表平等协商确定。

（7）拒绝用人单位违章指挥、强令冒险作业的权利。劳动者对用人单位管理人员违章指挥、强令冒险作业，有权拒绝执行；对危害生命安全和身体健康的行为，有权提出批评、检举和控告。

（8）依法解除劳动合同的权利。劳动者提前30日以书面形式通知用人单位，可以解除劳动合同。劳动者在试用期内提前3日通知用人单位，可以解除劳动合同。用人单位以暴力、威胁或者非法限制人身自由的手段强迫劳动者劳动的，或者用人单位违章指挥、强令冒险作业危及劳动者人身安全的，劳动者可以立即解除劳动合同，无须事先告知用人单位。

2. 劳动者的义务

（1）按时完成用人单位分配的劳动任务。劳动者一旦与用人单位确立劳动关系，就必须履行其应尽义务，其中主要的义务就是根据劳动合同的约定，定期保质保量完成用人单位分配的工作任务。劳动者不能完成劳动义务，就意味着劳动者违反劳动合同约定，用人单位可以解除劳动合同。

（2）提高职业技能的义务。劳动者要有强烈的事业心和主人翁责任感，通过刻苦学习专业知识和钻研职业技术，逐步提高职业技能，提高劳动生产率。

（3）遵守用人单位规章制度的义务。劳动者在工作中必须服从用人单位的管理和指挥，遵守各项规章制度和劳动纪律及安全生产的有关规定。

（4）遵守用人单位的商业秘密和知识产权的保密义务。根据《劳动合同法》有关规定，对负有保密义务的劳动者，用人单位可以在劳动合同或者保密协议中与劳动者约定竞业限制条款，并约定在解除或者终止劳动合同后，在竞业限制期限内按月给予劳动者经济补偿。

（四）劳动合同约定不明时的履行

《劳动合同法》第十八条规定："劳动合同对劳动报酬和劳动条件等标准约定不明确，引发争议的，用人单位与劳动者可以重新协商；协商不成的，适用集体合同规定；没有集体合同或者集体合同未规定劳动报酬的，实行同工同酬；没有集体合同或者集体合同未规定劳动条件等标准的，适用国家有关规定。"

在劳动报酬和劳动条件等标准约定不明确从而引发争议的情况下，用人单位与劳动者可以就不明确的事项重新进行协商，通过变更劳动合同的方式重新加以明确。用人单位与劳动者重新约定不明确事项的，应当采用书面形式。

对于约定不明确而又协商不成的事项，用人单位与劳动者应当适用集体合同的规定。集体合同是企业职工一方与用人单位通过平等协商，就劳动报酬、工作时间、休息休假、劳动安全卫生、保险福利等事项订立的合同，依法订立的集体合同对用人单位和劳动者都具有约束力。根据集体合同涵盖群体的不同，可将集体合同分为企业集体合同、行业集体合同和区域集体合同，根据《劳动法》等相关规定，集体合同中劳动条件、劳动报酬等标准不得低于当地人民政府规定的最低标准。

有的企业、行业、区域内并没有集体合同，或是虽然有集体合同但其中并没有关于劳动报酬的约定，在这种情况下，用人单位在确定劳动者报酬时应当遵循同工同酬的原则。即用人单位应当依照同等岗位付出的等量劳动，并且取得相同劳动业绩的其他劳动者的劳动报酬标准，向劳动者支付劳动报酬。在没有集体合同或是集体合同没有约定劳动条件等标准的情况下，应当按照国家有关规定来确定相应事项的标准。

（五）违反劳动合同的行为及后果

1. 劳动者违反劳动合同的责任

（1）劳动者违反劳动法的有关规定或约定解除劳动合同，对用人单位造成损失的，劳动者应赔偿用人单位的损失：①用人单位招收录用其所支付的费用；②用人单位为其支付的培训费用，双方另有约定的按规定办理；③对用人单位生产、经营和工作造成的直接经济损失；④劳动合同约定的其他赔偿费用。

（2）根据《劳动法》第一百零二条的规定："劳动者违反本法规定的条件解除劳动合

同或者违反劳动合同中约定的保密事项，对用人单位造成经济损失的，应当依法承担赔偿责任。"

（3）劳动者违反劳动合同中约定的保密事项，对用人单位造成经济损失的，按《反不正当竞争法》有关规定支付用人单位赔偿费用。

（4）解除劳动合同，应当按照《劳动法》的有关规定执行。未经双方当事人协商一致或劳动合同中约定的工作任务尚未完成，任何一方解除劳动合同给对方造成损失的，应按照《违反〈劳动法〉有关劳动合同规定的赔偿办法》承担赔偿责任。

（5）职工自动离职属于违法解除劳动合同，应按照《违反〈劳动法〉有关劳动合同规定的赔偿办法》承担赔偿责任。

2. 用人单位违反劳动合同的责任

（1）经济责任。根据《劳动合同法》第八十五条规定："用人单位有下列情形之一的，由劳动行政部门责令限期支付劳动报酬、加班费或者经济补偿；劳动报酬低于当地最低工资标准的，应当支付其差额部分；逾期不支付的，责令用人单位按应付金额百分之五十以上百分之一百以下的标准向劳动者加付赔偿金：①未按照劳动合同的约定或者国家规定及时足额支付劳动者劳动报酬的；②低于当地最低工资标准支付劳动者工资的；③安排加班不支付加班费的；④解除或者终止劳动合同，未依照本法规定向劳动者支付经济补偿的。"

用人单位违反规定招用尚未解除劳动合同的劳动者，对原用人单位造成经济损失的，除该劳动者承担直接赔偿责任外，该用人单位应当承担连带赔偿责任，其连带赔偿的份额应不低于对原用人单位造成经济损失总额的70%。违反规定的用人单位应向原用人单位赔偿损失：①对生产、经营和工作造成的直接经济损失；②因获取商业秘密给原用人单位造成经济损失的，根据《反不正当竞争法》有关规定，应当承担损害赔偿责任，被侵害的经营者的损失难以计算的，赔偿额为侵权人在侵权期间因侵权所获得的利润，并应当承担被侵害的经营者因调查该经营者侵害其合法权益的不正当竞争行为所支付的合理费用。被侵害的经营者的合法权益受到不正当竞争行为损害的，可以向人民法院提起诉讼。

（2）行政责任、刑事责任。根据《劳动合同法》第八十八条规定："用人单位有下列情形之一的，依法给予行政处罚；构成犯罪的，依法追究刑事责任；给劳动者造成损害的，应当承担赔偿责任：①以暴力、威胁或者非法限制人身自由的手段强迫劳动的；②违章指挥或者强令冒险作业危及劳动者人身安全的；③侮辱、体罚、殴打、非法搜查或者拘禁劳动者的；④劳动条件恶劣、环境污染严重，给劳动者身心健康造成严重损害的。"

二、劳动合同的变更

劳动合同一经依法订立，即受法律保护，双方当事人应当严格履行，任何一方都不得随意变更劳动合同约定的内容。但是，在当事人订立劳动合同时，不可能对涉及劳动合同的所有问题都作出明确规定。在履行劳动合同过程中，由于社会生活环境和市场条件的不断变化，订立劳动合同所依据的客观情况亦会发生变化，从而使劳动合同难以履行或者难以全面履行，或者使劳动合同履行可能造成当事人之间权利义务的不平衡，这就需要对原有劳动合同的相关内容进行适当调整。否则，在劳动合同与现实情况相脱节的情况下，若继续履行有可能会对当事人的正当利益造成严重损害。因此，《劳动合同法》允许当事人在一定条件下遵照一定的法定程序变更劳动合同，双方当事人可以依据有关法律法规，经平等协商，就劳动合同的部分条款进行修改、补充或者删减，使劳动合同适应现实情况的变化发展，从而保证劳动合同的继续履行。

劳动合同的变更，是指劳动合同依法订立后，在合同尚未履行或者尚未履行完毕之前，在用人单位与劳动者双方协商一致的基础上，对劳动合同的内容做部分修改、补充或者删减的法律行为。《劳动合同法》第三十五条规定："用人单位与劳动者协商一致，可以变更劳动合同约定的内容。变更劳动合同，应当采用书面形式。"劳动合同的变更是在原劳动合同的基础上对原劳动合同内容做部分修改、补充或者删减，而不是签订新的劳动合同。原劳动合同未变更的部分仍然有效，变更后的内容仅取代原劳动合同的相关内容，新达成的变更协议条款与原合同中的其他条款具有同等的法律效力。

（一）劳动合同变更的情形

一般情况下，用人单位与劳动者协商一致的可以变更劳动合同约定的内容。对劳动合同所要变更的部分内容必须经双方沟通协商后达成一致意见，如果在协商过程中任何一方当事人不同意所要变更的内容，那么该部分内容的合同变更就不能成立，原劳动合同就依然具有法律效力。对于劳动合同的变更，用人单位和劳动者之间应当采取自愿协商的方式，不允许某一方当事人未经协商单方变更劳动合同。一方当事人未经对方当事人同意任意改变劳动合同内容的，在法律上属于无效行为，变更后的内容对另一方没有约束力，而且这种擅自变更劳动合同的做法也是一种违约行为。

《劳动合同法》第四十条规定，劳动合同订立时所依据的客观情况发生重大变化，致使劳动合同无法履行时，经用人单位与劳动者协商，未能就变更劳动合同内容达成协议的。用人单位提前 30 日以书面形式通知劳动者本人或者额外支付劳动者 1 个月工资后，可以解除劳动合同。所谓"劳动合同订立时所依据的客观情况发生重大变化"，主要是指以下情形：

第一，客观方面的原因。当出现某些客观原因致使劳动合同当事人原来约定的权利义务的履行成为不必要或者不可能时，应当允许当事人对劳动合同有关内容进行变更。客观方面的原因主要包括：①由于不可抗力的发生，致使原劳动合同的履行成为不可能或者失去意义，不可抗力是指当事人所不能预见、可能避免并不能克服的客观情况，如自然灾害、意外事故、战争等；②由于物价大幅上升等客观经济情况变化，劳动合同的履行花费太大代价而失去经济上的价值。

第二，订立劳动合同所依据的法律、法规已经修改或者废止。劳动合同的签订和履行必须以不违反法律、法规的规定为前提。如果劳动合同签订时所依据的法律、法规发生修改或者废止，不及时变更劳动合同，就可能出现与法律、法规不相符甚至违反法律、法规的情况，导致劳动合同因违法而无效。因此，根据法律、法规的变化而变更劳动合同的相关内容是必要的，亦是合法的。

第三，劳动者方面的原因。如果劳动者的身体健康情况发生变化，劳动能力部分丧失、所在岗位与其职业技能不相适应、职业技能提高了一定等级等情况，造成原劳动合同不能履行或者如果继续履行原劳动合同的规定对劳动者明显不公平的，可以变更劳动合同。如果劳动者患病或非因工负伤医疗期满后不能从事原工作的，用人单位可以变更劳动合同。

第四，用人单位单方面的原因。如果用人单位经上级主管部门批准或者根据市场变化决定转产、调整生产任务或者生产经营项目等，用人单位发生转产、调整生产任务或者生产经营项目时，有些工种、产品生产岗位可能因此而撤销，或者为其他新的工种、岗位所替代，原劳动合同就可能因签订条件的改变而发生变更。

《劳动合同法》第三十三条规定，用人单位变更名称、法定代表人、主要负责人或者投资人等事项，不影响劳动合同的履行。用人单位的名称只是一个代表用人单位的称谓符号，用人单位名称的变更也仅代表这一称谓符号发生变化而已，其组织实体及其内部机构、人员并未发生任何变动，就不该影响劳动合同的履行。根据我国民法通则和其他有关法律的规定，用人单位的法定代表人或者主要负责人的职务行为都是代表用人单位这个实体组织的行为，法人代表的行为即法人的行为，只要法人存在，即使用人单位的法定代表人或者主要负责人变更，原法定代表人与职工依法签订的劳动合同依然有效。

（二）劳动合同变更的程序

第一，提出变更的要约。用人单位或劳动者提出变更劳动合同的要求，说明变更合同的理由、变更的内容及变更的条件，请求对方在一定期限内给予答复。

第二，承诺。合同另一方接到对方的变更请求后，应当及时进行答复，明确告知对方同意或是不同意变更劳动合同。

第三，订立书面变更协议。双方当事人就变更劳动合同的内容经过平等协商，取得一致意见后签订书面变更协议，协议载明变更的具体内容，经双方签字盖章后生效。变更后的劳动合同文本由用人单位和劳动者各执一份。

（三）劳动合同变更的注意事项

第一，劳动合同的变更必须在有效时间内进行。劳动合同的变更必须在劳动合同双方当事人已经存在劳动合同关系的前提下，即在劳动合同依法订立之后，在劳动合同没有履行或者尚未履行完毕之前的有效时间内进行。如果劳动合同尚未订立或者已经履行完毕则不存在劳动合同变更的问题。

第二，劳动合同的变更必须合法。劳动合同变更并不是任意的，用人单位和劳动者约定的变更内容必须符合国家法律法规的相关规定，不得违反法律法规的强制性规定。

第三，劳动合同的变更必须坚持平等自愿、协商一致的原则。劳动合同是通过劳动者与用人单位协商一致而订立的，其变更必然通过双方协商一致才能进行。劳动合同允许变更，但绝不允许单方变更，劳动合同的变更必须经用人单位和劳动者双方当事人的同意，任何单方变更劳动合同的行为都是无效的。

第四，劳动合同的变更要及时进行。如果应该变更的劳动合同内容没有及时变更，由于原订条款继续有效，往往使劳动合同不适应新情况的变化，从而引起不必要的争议。当事人一方得知对方变更劳动合同的要求后，应当在对方规定的合理期限内及时做出答复，不得对对方提出变更劳动合同的要求置之不理。

第五，变更劳动合同必须采用书面形式。劳动合同双方当事人经协商后对变更劳动合同的约定内容达成一致意见时，必须达成变更劳动合同的书面协议，任何口头形式达成的变更协议都是无效的。劳动合同变更的书面协议应当指明对劳动合同的哪些条款做出变更，并应明确劳动合同变更协议的日期，书面协议经用人单位和劳动者双方当事人签字盖章后生效，这一规定主要是为了避免劳动合同双方当事人因劳动合同的变更问题而产生劳动争议。

三、劳动合同的解除

劳动合同解除，是指在劳动合同履行过程中，由于双方或单方的法律行为，在合同的有效期届满或者履行完毕之前，结束劳动合同效力的法律行为。劳动合同的解除与劳动合同的终止都导致劳动法律关系的消灭，其区别主要表现为两者发生的时间不同。合同的解除必须是在劳动合同有效期届满或者履行完毕之前，而终止劳动合同关系自然失效，双方不再履行。

（一）劳动合同解除的分类

1. 单方解除

《劳动法》和《劳动合同法》既对劳动者单方解除劳动合同予以规定，也在符合法定条件时赋予用人单位单方解除劳动合同的权利。劳动合同单方解除是劳动合同解除中最重要的解除形式，是指劳动合同一方当事人根据自己的意志，单独对劳动合同所做出的解除行为。根据《劳动合同法》第三十九条的规定："劳动者有下列情形之一的，用人单位可以解除劳动合同：在试用期间被证明不符合录用条件的；严重违反用人单位的规章制度的；严重失职，营私舞弊，给用人单位造成重大损害的；劳动者同时与其他用人单位建立劳动关系，对完成本单位的工作任务造成严重影响，或者经用人单位提出，拒不改正的；因本法第二十六条第一款第一项规定的情形致使劳动合同无效的；被依法追究刑事责任的。"

劳动合同的单方解除，根据其标准不同，可以有不同的分类，主要包括以下具有法律意义的三种分类：

（1）按照解除劳动合同的原因是否有过错划分。按照解除劳动合同的原因是否有过错，可以分为有过错性单方解除和无过错性单方解除劳动合同。有过错性单方解除劳动合同，是指由于对方当事人的过错，导致无过错一方当事人单方解除劳动合同的行为；无过错性单方解除劳动合同，即无任何过错或者轻微的过错致使劳动合同目的无法实现，一方当事人单方解除劳动合同的情形。

（2）按照行使单方解除权的主体不同划分。按照行使单方解除权的主体不同，劳动合同的单方解除可分为劳动者单方解除（通常称为辞职）和用人单位单方解除。根据行使解除权的实体条件和程序要求的不同，前者可进一步分为劳动者单方预告解除劳动合同和劳动者单方即时解除劳动合同两种类型，后者可进一步分为用人单位单方预告解除和用人单位单方即时解除两种类型。

（3）按照行使单方解除权是否需要提前通知对方划分。按照行使单方解除权是否需要提前通知对方，可分为单方预告解除和单方即时解除劳动合同两种。单方预告解除是指行使单方解除权的一方，在预先通知对方后，才可以单方解除劳动合同的情形。《劳动合同法》第三十七条规定了劳动者单方预告解除劳动合同的条件和程序，《劳动合同法》第四十条、第四十一条规定了用人单位单方预告解除劳动合同的条件和程序。在这些情形中，只要劳动者或用人单位履行法定的条件和程序，并经过一定的期限，就能解除劳动合同。单方即时解除是在一方当事人存在过错的情况下，另一方当事人可以不用事先通知对方，即可单方解除劳动合同的情形。

2. 协商解除

《劳动法》第二十四条规定，经劳动合同当事人协商一致，劳动合同可以解除。《劳动合同法》第三十六条规定，用人单位与劳动者协商一致，可以解除劳动合同。

协商解除劳动合同是指，劳动合同的双方当事人即劳动者和用人单位经过协商达成一致意见，同意提前结束双方之间的劳动关系。依据提出解除劳动合同的当事人不同可以分为：劳动者提出解除劳动合同和用人单位提出解除劳动合同。

（二）劳动者单方解除劳动合同

劳动者单方解除劳动合同是指劳动合同依法订立后，尚未全部履行以前，因双方当事人主客观情况的变化或某种法定事由的出现，由劳动者一方提前终止劳动合同的行为。《劳动合同法》第三十七条、第三十八条对劳动者单方解除劳动合同作了详细的规定，劳动者如要解除劳动合同，除通过与用人单位协商一致后解除和依法行使即时解除权及第三十八条最后一款无须通知用人单位直接解除劳动合同外，只要提前30日并以书面形式通知用人单位，即可单方解除劳动合同。劳动者行使一般解除权，单方解除劳动合同无须其他任何实质条件，但必须提前30日以书面形式通知用人单位，使用人单位进行必要的准备，避免影响其生产和经营。

根据劳动者解除权行使方式的不同，劳动合同单方解除权可以分为预告解除权和即时解除权。预告解除权又称一般解除权，指劳动者只要根据法定预告期提前通知用人单位即可解除劳动合同的权利。即时解除权，又称特别解除权，指如果出现了法定情形，劳动者无须预告通知即可解除劳动合同的权利。

1. 即时解除劳动合同

劳动者即时解除劳动合同是指在法定条件下，劳动者只需通知用人单位，无须经过一定期限就可以使劳动合同的效力归于消灭的情形。

根据《劳动合同法》的相关规定，用人单位有下列情形之一的，劳动者可以通知用人单位解除劳动合同：①用人单位未按劳动合同约定提供劳动保护或者劳动条件的；②用人单位未及时足额支付劳动报酬的；③未依法为劳动者缴纳社会保险费的，社会保险具有国家强制性，用人单位应当依照有关法律、法规的规定，负责缴纳各项社会保险费用，并负有代扣、代缴本单位劳动者社会保险费的义务；④用人单位的规章制度违反法律、法规的规定，损害劳动者权益的；⑤以欺诈、胁迫的手段或者乘人之危的情形致使劳动合同无效的；⑥法律、行政法规规定的劳动者可以解除劳动合同的其他情形。

上述六点是《劳动合同法》罗列的针对劳动者可以行使单方即时解除权的规定，第六点的规定使该法和其他法律及以后颁布的新法相衔接。

2. 预告解除劳动合同

劳动者预告解除劳动合同，是指劳动者提前一定时间通知用人单位，预告期满后，劳动者以意思表示为基础让自身和用人单位之间将来的劳动关系解除。我国《劳动合同法》第三十七条规定，劳动者提前 30 日以书面形式通知用人单位，可以解除劳动合同。劳动者在试用期内提前 3 日通知用人单位，可以解除劳动合同。《劳动合同法》第三十七条对试用期内解除劳动合同进行了一定的限制，即需"提前 3 日通知用人单位"，而至于试用期内解除合同是否需要书面通知，并没有明确规定。

（三）用人单位单方解除劳动合同

用人单位单方解除劳动合同是指用人单位在符合法律规定条件的前提下，履行法定程序即可提前终止劳动合同的法律行为。用人单位单方解除劳动合同可进一步分为用人单位单方即时解除劳动合同和用人单位单方预告解除劳动合同两种。

1. 即时解除劳动合同

用人单位即时解除劳动合同是指在劳动者存在法律规定的过错情形下，用人单位无须履行提前通知义务，随时可以单方解除劳动合同。用人单位行使即时解除权必须严格遵守我国劳动立法的相关规定，只有当劳动者的过错行为符合法定情形时，用人单位才可以根据《劳动合同法》第三十九条的规定，单方即时解除劳动合同，且无须支付经济补偿金。

（1）在试用期间被证明不符合录用条件的。为了考察对招用的劳动者是否符合用人单位提出的对其岗位的能力要求，在劳动者和用人单位签订劳动合同时，都会根据合同期限长短约定一个试用期，如果在这个试用期内，用人单位有证据证明劳动者的能力不符合其录用条件的，其中包括全部不符合和部分不符合，如年龄、学历、健康状况、专业素养、工作能力和经验等不符合录用约定条件的，用人单位可以单方即时解除劳动合同。

（2）严重违反用人单位的规章制度的。规章制度是用人单位按照法律规定的程序，在民主、公开的基础上制定的，具有内部普遍约束力。它具体规定了劳动者在劳动过程中的行为准则，也就是劳动纪律，是劳动者在日常工作中必须遵守的。劳动者一旦存在违反规章制度的行为，用人单位即可据此做出处罚。但是，用人单位据此对劳动者的违规行为进行处罚的前提是：①用人单位的规章制度已经合法生效，即内容和程序均要合法；②规章制度不具有溯及既往的效力，因此必须公示，为劳动者所知悉，这样才能正确引导劳动者的行为；③劳动者只有在违反用人单位的规章制度达到严重程度时，用人单位才能单方即时解除劳动合同，严重程度的标准根据劳动法规的相关规定来衡量。

（3）严重失职，营私舞弊，给用人单位造成重大损害的。这项内容完全照搬了《劳动法》中的规定，以至于对严重失职与营私舞弊之间的关系未予以明确规定。两者应为选择关系，劳动者只要存在上述任何一种行为，并给用人单位造成重大损害的，用人单位即可单方即时解除劳动合同。

（4）劳动者同时与其他用人单位建立劳动关系，对完成本单位的工作任务造成严重影响，或者经用人单位提出，拒不改正的，是《劳动合同法》新增的一种用人单位单方即时解除劳动合同的情形，这是劳动者与用人单位之间发生利益冲突的一种情形，劳动者及其完成的工作任务对用人单位造成严重影响，或者未造成严重影响但是用人单位要求其改正而遭拒绝时，用人单位可即时解除劳动合同。

（5）劳动者以欺诈、胁迫的手段或乘人之危，使用人单位在违背真实意思的情况下订立或变更劳动合同的。诚实信用原则是劳动合同法的基本原则之一，双方当事人在劳动合同订立过程中应该遵循此项原则。任何一方当事人如果违背此项原则，并以欺诈、胁迫的手段或乘人之危订立劳动合同的，都有可能导致劳动合同无效。

（6）被依法追究刑事责任的。该项内容规定得比较笼统，没有区分具体情况，过于关注保障用人单位的权益，而牺牲了劳动者的劳动权利，同时也对我国劳动改造政策造成不利影响，因此应当将被依法追究刑事责任的情形区别对待。

2. 预告解除劳动合同

用人单位单方预告解除劳动合同，是指用人单位对已经成立且生效的劳动合同，出现法律规定的情形，使合同无法履行的，用人单位向劳动者预告后就可单方解除劳动合同的行为。《劳动合同法》第四十条规定，有下列情形之一的，用人单位可以行使预告解除权，即提前30日以书面形式通知劳动者本人，若用人单位未履行提前通知义务的，应向劳动者额外支付1个月工资作为补偿：

（1）劳动者患病或非因工负伤，在规定的医疗期满后不能从事原工作，也不能从事由用人单位另行安排工作的。

（2）劳动者不能胜任工作，经过培训或者调整工作岗位，仍不能胜任工作的。针对此类问题，提出以下建议：

第一，建议用人单位在劳动合同上细化劳动者的工作职责和任务，并且建立公开合理的考核制度，在劳动者享有充分知情权的同时，也对自己的工作能力有准确的把握。

第二，如果劳动者的工作性质要求用人单位提供一定技能培训的，用人单位应举证证明自己已经履行相关义务，否则将承担举证不利的后果。

第三，用人单位有证据证明劳动者不能胜任工作，并不能作为其实行单方预告解除的条件，此时，用人单位还要对劳动者进行培训或调整工作岗位，只有在劳动者经过一段时间的培训或对重新安排的工作岗位仍不能胜任的，用人单位才可以行使单方预告解除权。

（3）客观情况发生变化的。客观情况变化主要是指，双方当事人履行劳动合同所必需具备的客观条件发生变更，而且这些变化都是在劳动合同签订时未曾预见或无法预见的，并且，该重大变化将导致劳动合同无法全部或部分履行。在这种情况下，用人单位也不能行使单方预告解除权，只有双方当事人无法就原劳动合同变更达成一致时，用人单位方可单方预告解除劳动合同。

四、劳动合同的终止

（一）劳动合同终止的情形

劳动合同终止有广义、狭义两种解释。广义上的劳动合同终止，泛指劳动合同法律效力终结的各种情形，将劳动合同解除也作为劳动终止的一种；狭义上的劳动合同终止，仅指劳动合同解除以外，出现法定情形使得劳动合同法律效力消灭，导致所确立的劳动关系终结的情形。《劳动法》第二十三条规定，劳动合同期满或者当事人约定的劳动合同终止条件出现，劳动合同即行终止。《劳动合同法》第四十四条也规定了劳动合同终止的情形。《劳动法》主要是针对劳动合同终止的条件进行原则规定，《劳动合同法》是《劳动法》的子法之一，它和《劳动法》构成下位法和上位法的关系，对劳动合同终止的各种情形进行了更加具体的规定。

根据《劳动合同法》《中华人民共和国劳动合同法实施条例》（以下简称《劳动合同法实施条例》）的相关规定，劳动合同终止包括以下情况：

第一，劳动合同期满。劳动合同期满主要适用于固定期限的劳动合同和以完成一定工作任务为期限的劳动合同。

第二，劳动者达到法定退休年龄。《劳动合同法实施条例》第二十一条规定，劳动者达到法定退休年龄的，劳动合同终止。这一规定主要针对的是《劳动合同法》第四十四条第二项的规定：劳动者开始依法享受基本养老保险待遇的，劳动合同终止。

第三，劳动者开始依法享受基本养老保险待遇。根据《中华人民共和国社会保障法》

（以下简称《社会保障法》）的相关规定，劳动者达到法定退休年龄，凡累计缴费年限达到法律规定的要求，就可以享受基本养老保险待遇。相应地，劳动者和用人单位之间的劳动合同终止。

第四，劳动者死亡，或者被人民法院宣告死亡或宣告失踪。自然人的死亡，包括生理死亡和宣告死亡。劳动者生理死亡和被人民法院宣告死亡产生相同的法律后果。所谓宣告死亡是指公民持续的下落不明达到法定的期限，经利害关系人申请，人民法院宣告其死亡的法律制度。所谓宣告失踪是指公民持续的下落不明达到法定的期限，经利害关系人申请，人民法院宣告其失踪的法律制度。劳动者死亡、宣告死亡和宣告失踪都会导致劳动合同终止。

第五，用人单位被吊销营业执照、责令关闭、撤销或者用人单位决定提前解散。吊销营业执照是指企业登记主管机关强行收回营业执照并予注销的行政处罚行为，撤销是指企业主管机关在其违法时强制其解散的行政行为。在《公司法》《中华人民共和国公司登记管理条例》中所使用的责令关闭意即撤销。解散是指使公司消灭的法律行为。用人单位被吊销营业执照、责令关闭、撤销或者用人单位决定提前解散等情形都会导致用人单位的主体资格消灭，相应的劳动合同终止。

第六，用人单位被依法宣告破产。根据《中华人民共和国企业破产法》的相关规定，用人单位被依法宣告破产的，劳动合同终止。

第七，法律、行政法规规定的其他情形。这项规定是兜底条款，是为适应社会经济发展的需要作出的相应规定。例如，《劳动合同法实施条例》第五条规定：自用工之日起1个月内，经用人单位书面通知后，劳动者不与用人单位订立书面劳动合同的，用人单位应当书面通知劳动者终止劳动关系，无须向劳动者支付经济补偿，但是应当依法向劳动者支付其实际工作时间的劳动报酬。

上述情形是劳动合同终止的法定情形，劳动者和用人单位不能自行约定劳动合同终止条件。即使进行了相应的约定，该约定也是无效条款。《劳动合同法实施条例》第十三条规定，用人单位与劳动者不得在《劳动合同法》第四十四条规定的劳动合同终止情形之外约定其他的劳动合同终止条件。

（二）劳动合同的逾期终止

劳动合同逾期终止应当适用什么法律，在实践当中存在争议。依据《劳动合同法实施条例》第五条和第六条的规定，用工1个月内，劳动者不愿意与用人单位签订劳动合同，用人单位可以终止劳动关系，且无须支付经济补偿金；用工超过1个月不满1年，没有签订劳动合同，且劳动者不与用人单位订立劳动合同的，用人单位可以终止劳动关系，但需要依照《劳动合同法》第四十七条的规定支付经济补偿（工作满一年支付一个月的工资作为补偿）。

（三）劳动合同终止的限制条件

《劳动合同法》第四十五条规定，劳动合同期满，有本法第四十二条规定情形之一的，劳动合同应当续延至相应的情形消失时终止。但是，本法第四十二条第二项规定丧失或者部分丧失劳动能力劳动者的劳动合同的终止，按照国家有关工伤保险的规定执行。按照《劳动合同法》的规定，劳动合同期满或者当事人约定的劳动合同终止条件出现，如果劳动者无严重违反劳动纪律或者用人单位的规章制度，也无严重失职、营私舞弊，未对用人单位造成重大损失，也未被依法追究刑事责任，有以下情形之一的，劳动合同期限顺延至下列情形消失时终止：①从事接触职业病危害作业的劳动者未进行离岗前职业健康检查，或者疑似职业病病人在诊断或者医学观察期间的；②在本单位患职业病或者因工负伤并被确认丧失或者部分丧失劳动能力的；③患病或非因工负伤，在规定的医疗期内的；④女职工在孕期、产期、哺乳期的；⑤在本单位连续工作满 15 年，且距法定退休年龄不足 5 年的；⑥法律、行政法规规定的其他情形。对于劳动者在医疗期、孕期、产期和哺乳期内的，劳动合同期限届满时，用人单位不得终止劳动合同，劳动合同的期限应自动延续至医疗期、孕期、产期和哺乳期期满时为止。

第四节 《劳动合同法》中诚信原则的司法适用

法律原则的适用不同于法律规则的适用，有其特有的适用路径，法律原则的适用需要厘清很多问题，如原则的适用如何与规则的适用进行合理的分工，原则的适用与规则的适用相比有哪些区别。同时，诚信原则在劳动合同法领域中适用的特殊性除了体现在诚信原则内涵的解读，以及判断个案是否应当适用诚信原则上，还体现在劳动合同纠纷个案适用诚信原则的整个过程中。

诚信原则因其高度的抽象性、概括性，导致适用范围、具体内涵等极为模糊，法官若直接在裁判文书中适用诚信原则而不加论证，可能会导致法官滥用自由裁量权，也可能导致因不具说服力而被质疑。因此，诚信原则在运用于劳动合同纠纷时应当受到一定的限制，须尽可能明确具体的适用情形、条件、程序和要求，同时还需要考虑劳动合同纠纷司法裁判的特征，使其在劳动合同纠纷司法裁判中的运用更加合理。

"社会主义市场经济条件下劳动关系的协调需要和期待诚信原则：契约层面的劳动关系需要以诚信原则为基础；劳动关系中的非对称信息需要和期待诚信原则予以弥补；需要构建以诚实守信为重点的市场道德体系，以促进劳动关系的和谐发展。"① 通过将原则的适用与规则的适用，以及劳动合同法领域与民法领域诚信原则的适用进行对比，从而明晰、解构和细化诚信原则在劳动合同法领域的适用路径。

一、穷尽规则并说明选择适用诚信原则的原因

原则的适用不同于规则的直接适用，需要先穷尽规则并说明选择适用原则的原因，以此证明特定个案中原则适用的合理性，并为进一步选择具体对应的适用方法做准备。

（一）符合"禁止向一般条款逃逸"的原则

法官在劳动合同纠纷中适用诚信原则之前，应当首先寻找可以适用的现行的法律规则，只有当在个案中没有任何具体的法律规则可以适用，即符合"禁止向一般条款逃逸"的前提时，才能考虑直接适用诚信原则。"禁止向一般条款逃逸"是指对于某一案件，当法律有具体的法条规则，且适用该法条规则能产生与适用诚信原则相同的结论时，应当优先适用该具体法条规则。在法律适用时，法官应当首先寻找可以适用的具体规则或可以适用的类推方法补充法律漏洞。因为法律规则的内容往往比法律原则更加清晰、具体，也更便于法官的理解和适用，还更利于维护法律的确定性、可预见性和权威性。反之，避开、跳过具体法条规则而适用抽象的原则，可能使当事人之间的法律关系显得更为模糊，使判决不具有充分的说服力。法律原则主要是作为一种指导思想而存在，而不是作为可以直接适用的法律规则而存在，因此只有当规则穷尽时才可以考虑适用原则。

虽然诚信原则可以贯穿于劳动关系始终进行适用，但仍然应当注意诚信原则的适用边界的问题，以防止该原则被滥用。具体而言，当现行法律规则、劳动合同或规章制度已有明确规定或约定，应当将现行法律规则、劳动合同或规章制度作为处理案件的依据，而不应当适用诚信原则。诚信原则应当作为劳动合同法领域的一项基本原则，主要扮演的是制度补充的角色。此外，因诚信原则的适用主要依赖法官自由裁量权的行使，必然会给用人单位的法律风险评估带来更大的不确定性。因此，用人单位仍然需要完善劳动合同及规章制度。

①冯洁. 论市场经济条件下和谐劳动关系对诚信原则的需要与期待 [J]. 广东省社会主义学院学报，2006（2）：43-46.

（二）确定适用形态以说明选择适用诚信原则的理由

法官在判断劳动合同纠纷个案是否应当适用诚信原则时，应当说明其选择适用诚信原则的原因，即适用诚信原则是属于规则模糊、规则缺失、规则冲突和规则显失公平中的何种法律情形或适用形态，以期增加判断诚信原则是否适用的准确性，以及进一步选择对应的适用方法。首先，说明选择适用原则的原因有利于让法官准确判断个案是否应当适用诚信原则，可以起到一定程度的防止法官不加说理随意滥用诚信原则的作用。如前所述，不同于民法领域，在劳动合同纠纷个案中考虑是否适用诚信原则时，特别是在属于规则缺失（补漏式适用）、规则显失公平（修正性适用）的情况下，可以重点结合《劳动合同法》的立法宗旨，通过价值衡量的方式决定是否适用，特别需要注意《劳动合同法》对社会公共利益的保护、对社会秩序的维护。其次，不同的适用情形，对应了不同的适用方法，严格按照法教义学中原则适用的特定步骤、方法，有助于法官在劳动合同纠纷中适用诚信原则一直保持在正确的方向，提高适用的效率、准确性。

在规则模糊、规则缺失、规则冲突和规则显失公平的情况下适用诚信原则，即为运用法教义学中法律的解释、法的续造的方法来解决法律适用的问题。

第一，规则模糊指的是运用诚信原则解释具体规则，使具体规则的含义更加清晰、明确，即为客观的目的论解释。

第二，规则缺失指的是直接适用诚信原则，即为在没有可以适用的具体规则的情况下，通过适用诚信原则填补法律漏洞。

第三，诚信原则作为"客观的目的论的标准"，其可以参与决定法律解释和法律漏洞填补的方向。

第四，规则冲突指的是适用诚信原则对特定案件中符合适用条件的多项规则进行选择，以确定最终应当适用的规则，即为进行法益衡量、解决规则背后隐含的深层次的价值冲突。

第五，规则显失公平，即在特定案件中适用具体法律规则会导致不正义时，通过避开适用规则而适用诚信原则以实现正义的目标，此时也同规则冲突一样，主要涉及对具体案件中各种法益的衡量。规则显失公平的处理方式与规则冲突有相同之处，即法官都需要在个案中对当事人的利益、社会公共利益、社会秩序等多种相关法益进行利益衡量。不同的是，规则冲突主要是对规则背后隐含的价值进行衡量，规则显失公平是对诚信原则与该规则背后支持的价值进行衡量。此外，规则显失公平还应将诚信原则与立法机关通过合法程序制定的法律应优先遵守、类似案件类似处理等形式原则进行综合衡量，以证明适用诚信原则具有充分的优先于适用具体规则的理由。

二、适用方法：诚信原则的具体化并进行充分论证说理

通过立法或由司法裁判依具体化原则的程序，或借形成案件类型以演绎较为特定的原则，可以将原则转变为能被用作裁判基准的规则。因此，不同于规则的直接适用，在司法实践中原则的适用方法主要是进行原则的具体化。原则的具体化首先需要明晰原则具体化的步骤，之后还须进一步思考实现原则具体化应当采用的方式。

（一）诚信原则具体化的步骤

诚信原则具体化的步骤是发现下位原则，将下位原则转变为规则。原则具体化的理想过程是发展下位原则，然后将下位原则进一步具体化为规则，使原则最终具备规则的法条形式。原则具体化的理想状态是将原则转变为规则进行适用。根据上述原则具体化的过程，可以将原则具体化分为以下两个步骤：①通过类比寻找到个案中应当适用的特定原则，即发现原则的下位原则。因很难找到一个确定的公式以明确哪些行为是不道德、不正当的，注重实用性的法学家开始对不同情况进行归类，找出特定类型案件应当适用的特定原则。②在发现下位原则后，还应进一步具体化下位原则，直到下位原则取得了法条形式，具备可以涵盖案件事实的规则特性。原则最后具体化为具体规则，即为找到它的法条形式。

（二）诚信原则具体化的方式

诚信原则具体化的方式是选择最具说服力的表达。结合原则具体化的步骤，原则具体化的方式具体指的是法官如何发现原则的下位原则，并进一步将下位原则转变为规则进行适用。为了发展原则的下位原则，以及最终将其转变为具体的规则，法官实现原则具体化的方式是在文书中结合个案的情况对适用原则的理由进行充分的论证说理，并思考如何以最具说服力的方式表达。

卡尔·拉伦茨曾描述原则产生的过程：未实证化的法律原则，通常是因出现一个新的范例性的案件开始被法律思想关注，意识到并将这些原则表达出来，因这些原则本身具有极为强大的说服力，所以迟早会被法学界普遍认可，然后通过在不同类型的案例中运用可以进一步明确其与其他原则、现行法律规则之间的适用区别与界限，并可以使原则的内容更加清晰、具体化，最后可以发展为稳固的学理。值得强调的是，下位原则的本质也是原则，也遵循上述原则的产生过程。同时，将判决适用原则的理由进行充分说明，并以最具说服力的方式表达出来也有助于为原则适用的类型化提供素材，促进原则的类型化研究，

降低原则适用的不确定性。法院裁判的案件越多，运用比较方法进行判案的可能性越大，因而做出确定性裁判的概率越大。

（三）劳动合同法领域诚信原则的具体化和论证说理

根据上述原则具体化的步骤和方式，在劳动合同纠纷司法裁判适用诚信原则时，法官应当对诚信原则的具体化过程进行充分的论证说理，可以展示出裁判者适用原则的思维方式和过程。具体而言，劳动合同纠纷中诚信原则具体化的过程如下：

第一，法官需要寻找案情相似的判例并进行对比。事件比较有助于促成类推适用，或许有助于对事件做一定程度的类型化，使法益衡量变得更加容易。

第二，法官应尽可能发现并适用诚信原则的下位原则。例如，在当事人行为前后矛盾时，直接适用诚信原则的下位原则——禁止反言原则，更能直观地描述当事人的行为瑕疵，即为不道德的出尔反尔的行为，更具针对性、说服力。

第三，在发现下位原则后，也应当尽可能做精细化的阐述。当最高法院的司法裁判日益累积，比较的可能性也会日益提升，而判决的衡量余地将日渐缩减时，还应考虑个案的具体情况。

第四，在没有下位原则的时候，更需要法官做精细化的阐述，为未来发展出下位原则作出努力。精细化阐述即为进行详细的描述，以期使原则具体化形成法条的形式，具备可以涵摄案件事实的规则特征。

法官在进行法律适用的同时也承担了造法的义务，其论证说理应当起到给未来立法完善具体规则提供参考的作用，因此法官可以站在立法者的角度进行造法和法律适用。未来立法的目标是将私法实践中经常出现的诚信义务类型加以法定化，规定不同情形下，当事人具有何种诚信义务，所以法官做精细化的阐述，即为细致阐述在何种情形下，当事人具有何种诚信义务。

具体而言，法官应当结合案件事实厘清双方的争议焦点，结合劳动合同纠纷的特征明确权利义务关系（说明劳动者、用人单位负有何种诚信义务），罗列裁判时考虑的各种要素，对进行不同价值的利益衡量的理由加以说明。例如，在判断是否构成权利滥用时通常会涉及互相抵触的利益权衡问题，此时应当充分结合个案的具体情况，尽可能全面展现利益衡量的过程。

三、使用原则：整个使用过程结合劳动合同法的特征

不同于民法领域诚信原则的适用，诚信原则适用于劳动合同法领域的整个过程还应当

结合劳动合同法的特征，即在整个适用过程中和适用结果上，都应当考虑劳动合同关系的特征等，并主要以《劳动合同法》的立法宗旨为指导。

（一）结合劳动合同法的特征

适用过程中体现劳动合同法的特征，主要是在诚信原则的具体化上。结合诚信原则的发展趋势和劳动关系与劳动合同法的特征，可以发现相较于民法领域，诚信原则在劳动合同法领域中内涵的特殊性体现在其具体内容发生了变化，强调了对社会公共利益、弱势群体的维护。适用中诚信原则的具体化可以回到结合具体的劳动合同法的特征上。具体而言，在劳动合同法领域，诚信原则的具体化应当在劳动合同法领域诚信原则新内涵的指导下，进一步结合劳动合同法的特征，以期最终实现《劳动合同法》的立法宗旨。

1. 劳动合同关系的特征和目的

（1）应当考虑劳动合同关系的特征。如在个案中对劳动合同关系的人身性和继续性特征进行具体分析。在确定劳动者履行忠实义务的具体标准时，劳动关系的人身性和继续性特征决定其道德裁量的尺度应当适度高于社会公众对诚信含义的通常理解标准。劳动者具体职业的不同，劳动关系的人身性和继续性的强度有差异，高管人员、高级技术人员、业务骨干、从事高度职业化工作的人员等，其职业本身要求其应当具备高于一般职业标准的道德责任感和职业伦理。例如，在确定附随义务强度时，职业不同的劳动者应当分别确定。

（2）应当考虑劳动合同关系的目的。此涉及劳动合同关系中诚信原则适用边界的问题。诚信原则对劳动者的要求主要表现在履行劳动合同义务、实现劳动合同目的上，所以不应把劳动合同关系行为泛道德化。若劳动者违反诚信原则，但不足以影响劳动合同义务履行及劳动合同目的的实现，用人单位则不应以违反诚信原则为由解雇劳动者。例如，劳动者"隐婚""隐育"不一定会对劳动者合同义务的履行和劳动合同目的的实现造成影响。

2. 判断诚信原则与其他价值的优先性

（1）对于历来都存在争议的劳动自由和诚信原则价值位阶的问题，可以考虑结合《劳动合同法》的立法宗旨来确定何者优先。劳动合同法具有先天的保护劳动者的劳动自由的使命，但最终目的还是平衡双方当事人之间的利益，所以劳动自由也应当受到诚信原则的限制。社会公认"诚信无豁免，自由有界限"是伦理学和法学的基本原理，所以世界上许多国家在劳动自由和诚信原则价值位阶的问题上，选择了保留诚信原则的帝王地位。

（2）对于诚信原则与公序良俗、社会正义等更高位阶的法益和法律价值的关系，也可以结合《劳动合同法》的立法宗旨进行判断。劳动合同法具有公法属性，维护社会公共利益和社会秩序是其重要目标，所以当私益和公益发生冲突，社会正义、社会秩序等公益性法律价值一般情况下应当优先。由诚信原则产生的劳动者的忠实义务，非指劳动者应当无条件、无保留地服从用人单位，所以当符合法律的价值取向或社会公益的要求时，劳动者也可以对用人单位的不良行为进行举报。

（二）其他过程结合劳动合同法的特征

除了适用过程中诚信原则的具体化，适用过程中举证责任的分配、适用结果上最终责任的确定也应当体现劳动合同法的特征。

1. 结合劳动合同法的特征

在诚信原则适用于劳动合同纠纷司法裁判的过程中，举证责任的分配应当结合劳动合同法的特征。因劳动者在劳动关系中多处于被管理者和弱者的地位，使其权利易受到强势一方的用人单位的侵犯，同时很多证据一般是用人单位在管理，且用人单位本来就应提供证据证明对劳动者进行处理和决定的行为的正当性。基于劳动者的弱势地位，在劳动法领域法律已明确将某些情形下的举证责任分配给了用人单位。然而，除此之外仍存在很多立法没有明确规定的情形，此种情形下法官对举证责任的分配有较大的自由裁量权。考虑到劳动者与用人单位之间举证能力等的不平等，法官在劳动合同纠纷个案中分配举证责任时应当重点体现倾斜保护劳动者的原则。例如，在关于劳动者忠实义务的劳动合同纠纷案中，法官应当根据"忠实推定"原则的精神来分配当事人的举证责任，尤其要强化用人单位对劳动者实施不忠实行为的举证责任。

2. 劳动合同法的特殊性

诚信原则适用于劳动合同纠纷司法裁判的结果的确定也应结合劳动合同法的特征。国家公权力介入和干预劳动合同关系的目的主要是为对处于弱势地位的劳动者提供"倾斜保护"，所以当劳动者违反诚信原则，其应当承担的责任的范围和程度都应当受到严格的限制。

（1）劳动合同纠纷司法裁判中适用诚信原则后，在当事人最终责任形式的选择上，应当体现倾斜保护原则。劳动合同法具备私法、公法属性相兼容的社会法特征，因此当劳动者或用人单位违反诚信原则，可能导致私法责任与公法责任同时产生。具体而言，劳资双方违反诚信原则的最终责任形式包括民事责任、行政责任、刑事责任和劳动法特有的责任（包括法律、集体合同、规章制度规定的特殊责任形式）。在适用诚信原则时，法官应当避免对适用结果的简单化处理，而应当根据劳动者违反诚信原则的情节轻重来选择不同程度的惩戒方式，并尽可能地倾斜保护劳动者。劳动法特有的责任中解雇的惩罚程度较重，所以一般只在构成根本性违约时才考虑适用。

（2）在当事人的责任形式确定后，在具体责任内容的分配上，也应当体现倾斜保护原则。具体而言，确定诚信原则在劳动合同纠纷中的适用结果可以参考同类、类似案件的裁判情况，主要考量当事人违背诚信原则行为的性质、违反程度、主观过错程度、一方当事人的受损害程度、劳动者的经济能力等，注重平衡当事人的利益，体现倾斜保护原则。

第五章　经济市场规制法律制度及实践

第一节　《反垄断法》与《反不正当竞争法》

一、《反垄断法》

（一）《反垄断法》的内容

《反垄断法》的立法目的是预防和制止垄断行为，保护市场公平竞争，提高经济运行效率，维护消费者利益和社会公共利益，促进社会主义市场经济健康发展。为了实现这一目的，《反垄断法》借鉴先进的经验，在实体法方面禁止垄断协议、禁止滥用市场支配地位、控制经营者集中；基于国情的考虑，《反垄断法》还禁止滥用行政权力限制竞争的行为。此外，《反垄断法》对反垄断执法机构、对涉嫌垄断行为的调查程序和法律责任作出规定。

我国《反垄断法》最大的特点是鲜明地立足于中国的基本国情，如对行政垄断的规定。此外，《反垄断法》还规定了"与社会主义市场经济相适应"的基本原则，要求国家制定和实施与社会主义市场经济相适应的竞争规则，完善宏观调控，健全统一、开放、竞争、有序的市场体系。这充分说明《反垄断法》虽然毫无疑问应当促进市场竞争，但还必须从国情出发，使这部法律与社会主义市场经济相适应：第一，必须维护国家基本经济制度，既要有利于巩固和发展公有制经济，又要有利于鼓励、支持和引导非公有制经济发展；第二，必须按照社会主义市场经济的要求，确立市场竞争基本规则，在国家宏观调控的指导下，使包括国有企业在内的各类企业通过公平、有序的市场竞争开展经营活动；第三，必须从现阶段中国经济社会发展的实际出发，充分考虑中国企业做大做强、提高产业集中度、增强市场竞争能力的需求，统筹协调反垄断与实施国家产业政策的关系，使经营者通过公平竞争和自愿联合，依法实施集中、扩大经营规模、增强市场竞争能力。这三个"必须"集中体现了《反垄断法》的中国特色，是贯穿于这部法律始终的基本精神。

例如，《反垄断法》规定："国有经济占控制地位的关系国民经济命脉和国家安全的行业以及依法实行专营专卖的行业，国家对其经营者的合法经营活动予以保护，并对经营者的经营行为及其商品和服务的价格依法实施监管和调控，维护消费者的利益，促进技术进步。前款规定行业的经营者应当依法经营，诚实守信，严格自律，接受社会公众的监督，不得利用其控制地位或者专营专卖地位损害消费者利益。"这样的规定既遵循了《反垄断法》关于禁止滥用市场支配地位的一般原则，又体现了中国的基本国情。

保障国有经济在关系国民经济命脉和国家安全的重要行业和关键领域取得控制地位，是坚持国家基本经济制度的必然要求，对保障国民经济稳定运行、维护国家安全具有重要意义。国有经济在关系国民经济命脉和国家安全的行业以及依法实行专营专卖的行业占控制地位，并不等于这些行业都只能由国有独资企业经营，更不是说这些行业的经营者可以不遵守市场规则，滥用其控制地位，排除或者限制竞争。国家对这些行业的经营者的合法经营活动给予保护的同时，又要对其经营行为及其提供的商品和服务的价格依法实施监管和调控，维护消费者的利益，促进技术进步。

（二）《反垄断法》的适用

根据属地管辖原则，《反垄断法》作为国内法，其效力仅限于一国主权范围之内，但伴随经济全球化和贸易自由化浪潮的高涨，跨国公司滥用市场优势地位限制竞争的行为日益普遍，在一国境外发生的限制竞争行为可能对国内产生不利影响。在此情况下，一些国家在立法和司法实践中纷纷突破传统的管辖范围，主张本国反垄断法的域外效力，对发生于国外的限制竞争行为，只要其结果影响了国内市场竞争，不管行为主体的国籍如何，国内反垄断机构都可以依据本国的反垄断法行使管辖权。

中国的《反垄断法》主要适用于中国境内经济活动中的垄断行为。随着经济全球化和中国对外开放的进一步扩大，为了预防和制止境外发生的垄断行为对国内的市场竞争产生不利影响，《反垄断法》借鉴其他国家的经验，规定了域外效力，即中华人民共和国境外的垄断行为，对境内市场竞争产生排除、限制影响的，同样适用《反垄断法》。

（三）反垄断执法机构

目前，中国的反垄断执法机构有三个，分别是商务部、国家发展和改革委员会和国家市场监督管理总局。此外，为了协调反垄断执法，保证反垄断执法的统一性、公正性和权威性，中国设立国务院反垄断委员会，负责组织、协调、指导反垄断工作。

国务院反垄断委员会主要通过召开委员会全体会议、主任会议和专题会议履行职责，不替代成员单位和有关部门依法行政。反垄断委员会聘请法律、经济等方面的专家组成专家咨询组，为委员会需要研究的重大问题提供咨询。

国务院反垄断委员会履行以下五大职责：①研究拟定有关竞争政策；②组织调查、评估市场总体竞争状况，发布评估报告；③制定、发布反垄断指南；④协调反垄断行政执法工作；⑤国务院规定的其他职责。

《反垄断法》在赋予反垄断执法机构一定的执法权限外，还规定了其在执法过程中应当履行的法定义务，如反垄断执法机构应当为举报涉嫌垄断行为的单位和个人保密，反垄断执法机构及其工作人员对执法过程中知悉的商业秘密负有保密义务。

（四）《反垄断法》与农业

农业是国民经济的基础产业，又是国民经济的弱势产业。由于农业生产对自然条件的依赖性很强，作为人们基本生活必需品的农产品的需求弹性又很小，这些特点使农业成为不适合过度竞争的产业，农业生产活动难以完全适用反垄断法的规定。不少国家和有关国际组织的反垄断立法对农业领域给予反垄断豁免。

中国的《反垄断法》借鉴国外立法经验，明确规定农业活动可以排除适用《反垄断法》：农业生产者及农村经济组织在农产品生产、加工、销售、运输、储存等经营活动中实施的联合或者协同行为，不适用本法。这里所称的"农业"，既包括农产品种植业，也包括林业、畜牧业和渔业；"农业生产者"包括农民、农业企业及其他直接从事农业生产经营活动的组织；"农村经济组织"包括农民专业合作经济组织及农村集体经济组织。

（五）《反垄断法》与知识产权保护

知识产权具有排他性和专有性，法律赋予知识产权权利人对特定客体，如专利、商标等的独占权，因知识产权而形成的垄断地位及因知识产权的行使而对竞争的限制是基于法律的授权，是合法的。但是，知识产权作为一种财产权，与其他的财产权一样，能够产生限制竞争的影响。因此，为了维护竞争，法律不应当允许知识产权所有人因其合法的垄断地位而妨碍、限制或者歪曲市场的有效竞争。知识产权的权利人如果超出法律对其专有权规定的范围而滥用其权利，以谋取或加强其垄断地位，排除、限制了竞争，则应当受到《反垄断法》的规制。故《反垄断法》规定，经营者依照有关知识产权的法律、行政法规规定行使知识产权的行为，不适用本法；但是，经营者滥用知识产权，排除、限制竞争的行为，适用本法。

（六）《反垄断法》与个人信息保护

1. 个人信息对企业的价值

个人信息对企业而言具有巨大的价值和影响。在数字时代，个人信息成为一种宝贵的资源，能够为企业提供深入了解用户需求和行为的窗口。

首先，个人信息为企业提供了关于消费者偏好、购买习惯、兴趣爱好及社交行为等宝贵数据。通过分析这些数据，企业能够更准确地了解目标受众，从而精准地提供个性化的产品和服务，满足用户需求。

其次，个人信息也是企业开展个性化广告和在线广告的关键。了解用户的个人信息能够帮助企业更精准地定位广告投放对象，提高广告的点击率和转化率。这种精准广告不仅为企业带来更大的广告效果，也提升了用户体验，增加了用户对广告的接受度。

最后，个人信息还可以为企业提供服务改进的重要依据。通过分析用户数据，企业可以了解用户对产品或服务的反馈和评价，及时调整和改进产品，提升用户满意度，增加用户黏性。

然而，企业在利用个人信息时也需要严格遵守隐私保护的法律法规和道德准则，确保个人信息的安全和合法性，避免信息滥用或泄露对用户造成负面影响。因此，个人信息对企业的价值是巨大的，但在利用这些信息时，保护用户隐私和信息安全同样至关重要。

2. 个人信息的争夺与损害

在互联网企业平台化的过程中，个人信息扮演着至关重要的角色，其重要性不言而喻。因此，企业间对信息的争夺也在所难免。企业的竞争力将越来越多地依赖于及时获取相关数据，并利用这些数据开发出新的创新应用程序和产品。然而，信息争夺的背后，也伴随着信息损害的风险。

从当前的实践来看，因企业间信息争夺引发的个人信息损害主要表现在以下方面：

首先，涉及隐私问题。企业可能会违法违规或过度收集个人信息，以增加其在信息争夺中的优势。在我国现行法中，不当收集个人信息的方式主要包括未公开信息收集规则而直接收集信息，未明示信息收集的目的、方式和范围而收集信息，未经用户同意而收集信息以及违反必要原则，收集与其提供的服务无关的个人信息，等等。

其次，存在安全问题。企业可能会不当使用已收集的信息，将个人信息用于营利活动，并可能对用户利益造成损害。例如，个人信息本身可被作为商品销售，未经用户同意向他人提供或出售个人信息；个人信息还可能成为价格歧视的实现工具；或被用作排挤竞争对手的手段，如限制用户转移信息或竞争对手访问信息以构筑市场进入壁垒等。

最后，涉及用户的自由问题。企业收集用户个人信息并将其数据化后，用户本人能否自由使用自己的信息成为问题。

由此可见，企业间以用户个人信息为对象的信息争夺行为，难免会对普通消费者造成影响。在数字经济时代，规制企业间的市场竞争行为与保护消费者的个人信息是密切相关的。不当收集或使用个人信息可能表现为损害市场竞争的垄断行为；而形式上符合垄断要件的市场竞争行为也可能产生损害个人信息的结果。甚至一个单纯的个人信息保护问题，表面上与垄断行为无关，实则也可能影响市场竞争。因此，在规制企业间的市场竞争行为时，必须充分考虑到对消费者个人信息的保护。

3. 个人信息与反垄断法的关系辨析

"反垄断法能否用以保护个人信息权益，是数字经济时代的重要议题。"[①] 个人信息保护与垄断行为规制虽在表面上看似属于两个领域的问题，但实际上，它们在实践中经常存在交叉。在很多情况下，个人信息不仅成为实施垄断行为的工具，而且某些垄断行为的实施也借助个人信息变得更加隐蔽和难以察觉。因此，反垄断法不能因为这些垄断行为表面上与个人信息有关就忽略对它们的规制。对个人信息保护的重视，实际上也是对垄断行为的制约，从而更好地保护消费者的权益。

通常来说，企业为了获取更多的利润，最直接的方法是提高产品价格。但在竞争激烈的市场环境中，企业往往只能接受市场的定价，很难单方面提高价格。这时，垄断行为便应运而生。垄断的本质是提高价格的能力，而垄断行为则是一系列可能引发价格上升的行为。换句话说，市场支配地位本身就是一种能在较长时期内以高于竞争水平价格盈利的能力。拥有市场支配地位的企业就像一个"垄断者"，而滥用这种地位就是企业动用了这种能力，直接或间接地提高了产品价格。垄断协议则是企业间共谋提价，即当单个企业的市场力量不足时，它们会联合其他竞争对手一起提价，这时多个企业就像一个"垄断者"一样行事。而经营者集中之所以被视为不利的，也是因为它可能导致单边效应（让一个企业获得或加强市场支配地位）或协调效应（便于多个企业达成垄断协议）。

对于企业和消费者而言，个人信息具有重要的反垄断法属性。这决定了反垄断法必须正视并解决个人信息保护问题。传统的反垄断理论之所以重点关注价格，是因为价格竞争是市场竞争的主要方式，消费者也最关注价格。然而，价格并不是一个孤立的市场条件，它受到其他因素的影响。脱离这些因素（如个人信息）来单独讨论价格是没有意义的。

总的来说，除了价格外，反垄断法上的经济效率还涉及产出、质量和消费者的选择机

---

①叶明，张洁. 反垄断法保护个人信息权益的理据与路径 [J]. 华中科技大学学报（社会科学版），2023，37（1）：85.

会。自 20 世纪 90 年代以来，人们开始将动态效率纳入反垄断法的考量范围，这意味着反垄断法还应保护创新。而产品或服务的创新程度实际上可以解释为质量，即创新性强的商品或服务质量更好。因此，在判断经济效率时，除了价格因素外，还需要考虑产出、质量、选择机会等"非价格因素"。这些因素直接影响价格，并构成价格的必要内容。

在各种非价格因素中，"质量"是一个广泛的概念。在数字时代，由于缺乏可比较的价格，消费者自然会更加关注非价格因素。大多数消费者关心个人信息被收集和使用的状况。因此，个人信息保护的水平可以被视为服务质量的重要衡量标准。即使在收费服务中，个人信息收集与使用问题仍然突出，很少有消费者对此无动于衷。个人信息保护水平仍然是服务质量评判的重要标准。基于此，消费者在接受某项服务时，会考虑自己提供了多少信息以及商家如何使用这些信息等因素，这些因素成为判断服务质量优劣的重要标准。如果某种服务导致消费者的个人信息受到更大程度的损害，那么就可以认为该服务的质量较差。

综上所述，个人信息保护水平影响服务质量，服务质量又影响价格。因此，个人信息与价格之间存在关联。通过"个人信息保护水平—质量—价格"这一链条或逻辑关系，我们可以看到个人信息保护在一定程度上可以被纳入反垄断法的调整范围。

二、《反不正当竞争法》

（一）《反不正当竞争法》的目的

《反不正当竞争法》的立法目的包括：第一，促进社会主义市场经济健康发展；第二，鼓励和保护公平竞争；第三，保护经营者和消费者的合法权益。可以看出，《反不正当竞争法》的立法目的分为宏观和微观两个层面。宏观上，《反不正当竞争法》是为了鼓励和保护公平竞争，促进社会主义市场经济健康发展；微观上，对妨害市场秩序的具体不正当竞争行为坚决制止，其目的是保护正当合法的竞争行为和消费者的利益。

（二）《反不正当竞争法》的原则

《反不正当竞争法》所称的经营者，是指从事商品生产、经营或者提供服务的自然人、法人和非法人组织。经营者在生产经营活动中，应当遵循自愿、平等、公平、诚信的原则，遵守法律和商业道德。这些基本原则的确立具有重要意义，如自愿原则有助于保障市场经济主体的经济民主和经济自由权利；平等原则的确立可以平等地保护市场经济各主体，使市场经济主体的合法经济权益得到平等的实现；公平原则要求市场经济主体不谋求法律之外的任何特权和优势；诚信原则有利于引导市场经济主体从善意出发，做到诚实守信地行使权利和承担义务；遵守法律和商业道德有利于促进市场经济主体不断增强职业道德和社会责任感，维护消费者的合法权益和实现社会公共利益。

（三）《反不正当竞争法》的渊源

《反不正当竞争法》是侵权法的特殊形式，这不仅意味着《反不正当竞争法》与侵权法在基本性质和原则上的一脉相承，而且意味着《反不正当竞争法》与侵权法之间具有显著差异。二者的规制模式不同，分别为行为规制法和责任承担法；保护的对象有异，分别为法益和权利。《反不正当竞争法》在规制模式与保护对象上相对于侵权法的这种特殊性决定了过错在《反不正当竞争法》中具有更为重要的地位，过错不仅是不正当竞争的责任承担要件，而且是不正当竞争的行为构成要件。

《反不正当竞争法》的理论最初源自侵权法理论。随着资本主义的发展和自由贸易观念的逐步确立，各国开始建立起维护公平竞争的一系列规则，而这些规则最初都建立在侵权法的基本理论之上。一方面，不正当竞争本质上是出于过错造成损害他人的行为，与侵权行为的本质相契合；另一方面，不正当竞争规则被规定在知识产权国际条约中，而知识产权又属于民事权益，因此《反不正当竞争法》所保护的法益自然而然也就属于民事权益的一部分，受到侵权法的保护。

《反不正当竞争法》的来源主要分为判例法模式和制定法模式，这两种来源都体现了其侵权法渊源。

判例法模式是指在侵权法基本理论上形成的反不正当竞争判例法体系，如英美法系的反不正当竞争法就是以较为分散的判例形式存在的，英国侵权法中的经济侵权规则对不正当竞争规则的形成发挥了重要作用。直至今日，英国侵权法在反不正当竞争法中的影子仍然可见，如仿冒、虚假宣传和商业诋毁都是有关事实的虚假陈述，源头上都可以追溯到禁止欺诈的侵权法理论。此外，在大陆法系的国家，如法国和意大利，虽然反不正当竞争法系根据民法典中侵权行为的一般条款发展而来，但民法典中一般条款的规定过于简单，因此在司法实践中，法院不得不依赖大量的判例来将反不正当竞争法的内容具体化。

制定法模式是指反不正当竞争法单独的立法模式，虽然在该种模式中反不正当竞争法看似独立于侵权法，但实则同样与侵权法密不可分。大陆法系的许多国家，如德国、日本、瑞士、奥地利等都采取单独立法的模式来规制不正当竞争行为，但同时侵权法仍然是反不正当竞争法的重要渊源。

虽然反不正当竞争法最初源自侵权法，但随着反不正当竞争法的日益成熟，其逐渐从侵权法中分离出来，具有了与侵权法不同的独特性。例如，我国《反不正当竞争法》就采取独立的单行法模式，它所保护的是特殊民事主体的民事法益，以竞争行为而非普通民事行为为调整对象，其立法目标是维护市场竞争秩序，保护经营者或消费者的合法权益。通过《反不正当竞争法》一般条款和具体不正当竞争行为的列举，已经能够对不正当竞争行为作出独立的判断，一般情况下无须再援引侵权法的规定。

（四）《反不正当竞争法》的实施途径

《反不正当竞争法》主要通过以下两种途径实施：司法和行政执法。司法主要是通过民事诉讼、刑事诉讼活动打击扰乱市场公平秩序的不正当竞争行为。行政执法是《反不正当竞争法》的重要实施方式，特别是当受不正当竞争行为损害的经营者或消费者不明确的情况下，行政执法尤为重要。

政府负有公共服务的职能，而公共服务职能的主要方面就包括为经济发展创建和维护良好的市场环境，保护社会主义市场经济秩序。因此，《反不正当竞争法》规定，各级人民政府应当采取措施，制止不正当竞争行为，为公平竞争创造良好的环境和条件。据此，政府应积极承担制止不正当竞争行为的职责和义务。

国务院建立反不正当竞争工作协调机制，研究决定反不正当竞争重大政策，协调处理维护市场竞争秩序的重大问题。一般而言，由县级以上人民政府履行市场监督管理职责的部门负责对不正当竞争行为进行查处；但如果法律、行政法规规定由其他部门查处时，依照其规定。也就是说，市场监督管理机关作为国家经济监督管理部门和行政执法部门，其本身具有规范市场行为的综合职能，是反不正当竞争的主要执法机构。但是，法律、行政法规规定由其他部门查处的，则应依照相关法律、行政法规之规定。

例如，根据《产品质量法》的规定，产品质量监督机关有权查处经营者在产品上伪造产地，伪造或者冒用他人的厂名、厂址，伪造或者冒用认证标志等质量标志的行为；根据《中华人民共和国药品管理法》的规定，药品监督管理部门负责药品生产、经营等领域的不正当竞争行为的监督检查；根据《中华人民共和国证券法》的规定，国务院证券监督管理机构依法对证券市场上的不正当竞争行为进行监督检查；根据《中华人民共和国对外贸易法》的规定，国务院对外经济贸易主管部门依法对在对外贸易经营活动中实施的危害市场公平竞争的行为进行监督，等等。

实践中，在规制不正当竞争行为中发挥重要作用的行政机构主要包括国家市场监督管理部门、质量技术监督管理机关、物价管理机关、环境保护机关、食品卫生监督管理机关、中国证券监督管理委员会、国家知识产权局及其他相关行政管理机构。

第二节　《产品质量法》及其经济法属性

《产品质量法》具有明显的经济法属性，其不属于民商法的范畴，是对民商法调整不足的必要的和有益的补充。正确认识《产品质量法》的属性，促进其应有作用的正常发挥，更有助于实践操作中《产品质量法》的准确应用。

一、《产品质量法》的基本认知

产品质量的优劣直接关系到消费者的人身安全、财产安全及其他权益，产品质量水平也制约着一国的经济发展及产品的国际竞争力。因此，各国普遍重视有关产品质量立法，以保护消费者的利益，提高产品的质量水平。为了加强对产品质量的监督管理，明确产品责任，我国于 1993 年通过了《产品质量法》。《产品质量法》包括总则，产品质量的监督，生产者、销售者的产品质量责任和义务，损害赔偿，罚则和附则六个部分。《产品质量法》是调整产品质量监督管理关系和产品质量责任关系的法律规范，明确了产品的范围、缺陷产品定义、产品质量监督制度、生产者和销售者的产品质量责任和义务、损害赔偿制度和罚则等。

关于产品质量的立法通常包括产品责任法和产品质量管理法。产品责任法是确定生产者、销售者承担产品责任的法律规范的总称。产品责任问题是工业化及向工业化社会迈进的国家所共同面临的问题。我国产品责任的主要规定体现在《产品质量法》中。产品质量管理法采用产品质量责任和产品责任两个层面的概念。产品质量责任是指产品的生产者、销售者违反了国家有关产品质量的法律法规，给消费者造成损害而应依法承担的法律后果，包括民事赔偿责任、行政处分和刑事责任。而产品责任是指因产品存在可能危及人身、财产安全的不合理危险，造成消费者或他人人身伤害，或缺陷产品之外的其他财产损失后，产品的生产者、销售者应当依法承担的法律后果。前者是以产品和产品缺陷为基础建立起来的特殊侵权法，后者是以产品和产品质量为基础建立起来的国家干预经济、管理市场之法。我国《产品质量法》的立法内容更为丰富，全面规定了生产者、销售者的义务与责任，行政机关的监督职责与法律责任；既确认和规范了政府对市场主体的质量监督权力，又对市场主体具体的权利义务作出规范，并综合运用民事、行政、刑事的手段调整政府和企业的行为。我国《产品质量法》在内容上具备公法和私法融合的特色，在立法体例上反映了经济法理念，是经济法综合运用各种调整手段规范政府和市场主体的行为、维护社会整体利益理念的深刻反映。

政府对产品质量的监督，体现了国家对市场的干预。政府在尊重生产者、销售者的自主经营的前提下，从保护消费者的利益和提高一国产品质量水平、维护社会整体利益的角度出发，对生产者、销售者的产品质量行为进行监督。《产品质量法》明确各主体的权力（权利）义务，明确了各级政府在产品质量工作中的职责，建立了企业产品质量约束机制，强化和规范了政府的产品质量监督职责，加强了行政执法机关的执法手段，特别是对生产、销售违法产品的行为加大了法律制裁的力度。

二、《产品质量法》的经济法属性

（一）《产品质量法》产生基础的经济法属性

1. 经济法的产生基础

经济法是社会历史发展到一定时期特定社会关系的集中体现，特定时期的社会历史条件构成了经济法产生和发展的基础。经济法的产生基础包括客观基础、社会经济原因和法律原因。

（1）经济法产生的客观基础。以克服市场失灵为目的，需要由国家介入对具有全局性和公共性的经济关系进行调整的法律规范的总称，便是经济法。市场失灵是经济法的客观基础。市场失灵的困境，是经济法的逻辑起点。

市场作为一种资源的配置方式，其作用的发挥需要一定条件。当市场发挥作用的条件不具备、不完全具备，造成市场机制失效时，便产生了市场失灵。市场在配置资源方面具有基础性和有效作用，能够促使市场主体获取信息，充分发挥其创造财富的动力和潜能，提高资源的利用率，促进经济增长。然而，市场在配置资源方面仅具有基础性，加之市场本身固有的逐利性、盲目性和滞后性的缺陷，导致市场机制失效，进而导致经济效率低下。市场失灵导致竞争效率低下、经济秩序混乱、社会分配不公，从而使处于弱势地位的消费者受到损害，因此也就产生了市场规制法。

（2）经济法兴起的社会经济原因。商品经济的发展和市场在社会经济运行中的作用日趋明显，是经济法产生和兴起的重要条件。商品经济向着社会化大生产和市场经济的不断迈进，导致社会的深刻变革：一方面，随着社会化大生产的逐步深入，私人欲望不断膨胀，对个体营利性极度追求，出现垄断形式，以期实现利润及效用的最大化，极度追求效率；另一方面，市场在不断推动社会生产力发展的同时，也会不断出现诸多市场本身所不能解决的问题，诸如社会秩序混乱、社会分配不公、垄断及不正当竞争等，损害了市场主体的共同利益。这就要求国家介入经济生活，站在社会整体利益的高度上，顺应、推动市场经济体制的良性运行，克服、避免市场本身缺陷带来的不当影响，以解决商品生产经营者追求个体营利性与社会公益性之间的矛盾。因而，商品经济的高度发展促进了经济法的产生。

（3）经济法兴起的法律原因。市场经济的发展程度取决于市场秩序化的水平，市场的秩序化在法治社会中，依靠的不仅是个体与个体之间的公序良俗、商业惯例，更为重要的是实现整个市场秩序的法治化。市场经济实际上就是法治经济，它一方面需要有调整平等主体间的财产流转关系的民事法律规范；另一方面，市场失灵的存在又需要法律对任何违背市场经济秩序的、不为市场本身能够解决的行为进行适当干预。市场经济的不断发展，客观上不断地提出对适当干预市场经济法律的需求。

随着市场经济发展到现代经济的阶段，市场失灵问题日益突出，市场对其所导致的如限制竞争、不当竞争、外部效应等问题的处理是无效的或低效的，传统的民商法、行政法等法律无法解决这类问题，导致能应对或是调控这类问题的法律等的公共产品的供应不足。这要求有新兴的法律来解决上述问题，经济法便应运而生。

2. 《产品质量法》产生基础的经济法属性分析

由上述内容可知，经济法的产生源于市场失灵，而社会化大生产所导致的深刻变革，传统民商法在解决市场失灵所导致问题方面的束手无策，以及相关学者对这种新的法律形式的相关研究深入，促使经济法的产生。《产品质量法》的产生背景符合经济法的产生原因，从这个层面来讲，《产品质量法》是经济法的重要组成部分。

（1）《产品质量法》产生的社会经济基础。产品质量市场失灵及其引起的经济问题与社会问题，是《产品质量法》产生的社会经济基础。市场失灵在产品市场的表现，主要包括以下三个方面。

第一，产品的生产者盲目扩大生产，扩大市场占有份额，以期能够通过垄断来追求自身利益，使利润最大化，但是这种对垄断利益的最大追求，导致产品的生产者、销售者以次充好、以假充真，损害了消费者的利益。

第二，市场信息的不充分，给产品的生产者、销售者决策带来困扰。产品的生产者、销售者仅凭其有限的理性，对市场进行理想假设。他们盲目生产，甚至放弃原有产品的生产，扩充紧俏产品生产线，导致产业仅仅围绕紧俏产品的生产，造成其他产业的凋零，从而造成产业失衡，进而造成社会总量的失衡。经济运行的失衡，对市场主体造成的冲击是无法估量的，对经济的冲击也是无法估量的。

第三，产品信息的不对称，使处于弱势地位的消费者的权益维护难以有效进行。产品的生产者、销售者故意隐瞒有关产品的质量、生产日期等关键信息，或故意夸大产品的有利方面，而隐瞒其弊端，不仅侵害了消费者的知情权和安全利益，而且在发生实质损害时，消费者的维权难度也随之加大。

《产品质量法》所要解决的问题，既包括由于产品生产者的盲目生产而导致的社会总量的失衡，从而导致经济运行的失衡；又包括由于产品生产者、销售者理性的有限性而导致的市场竞争秩序受损、消费者权益受损。《产品质量法》所要解决的矛盾主要是产品生产者、销售者追求自身利益最大化与社会公益性之间的矛盾。因此，国家既需要对产品质量的基本方针、基本目标等宏观性的方针、政策进行调控，又需要通过规制产品生产者、销售者的行为来明确产品生产者、销售者的产品质量责任，保护其他生产者、销售者和消费者的合法权益，维护正常的市场竞争秩序。因此，产品质量问题并非民商法所能解决的。

（2）《产品质量法》产生的法律原因如下。

第一，产品质量问题依靠民商法不能解决。这与民法的产生基础及其所要解决的问题和矛盾是直接相关的。民法是市场经济的法律。民法是市场经济的确认法，主要规范的是市场中处于平等地位的交易主体间的交易活动，所要解决的基本问题与矛盾是个体营利性之间的矛盾。从内容上来看，民法所调整的对象具有平等性的特点，这与产品质量市场需要国家作为管理主体来介入经济生活是不同的，在此存在主体地位的不平等现象，是民法无法解决的。

第二，民法所确立的内容，是对市场经济中所存在的市场交易规则的确认，产品质量市场中所出现的问题，需要法律对其做出矫正，而不是确认。《产品质量法》中，国家作为一方主体，对产品质量进行调制，反映主体间管理与被管理、规制与被规制的关系，《产品质量法》的制定是为了矫正无法按照民法所确立的规则去达到预期目的的社会关系，其宗旨是维护各方利益在内的社会整体利益，而不仅是个体营利性之间的私益问题。民法的产生基础与其所要解决的基本问题与矛盾，和《产品质量法》不同，民法无法从根本上解决产品质量问题。

总之，《产品质量法》的产生基础是经济法兴起原因的体现，而且其制定原因也是社会经济的发展导致产品质量市场无法解决自身问题，而依靠民法无法解决产品质量问题，因此，《产品质量法》是经济法的一部分。

（二）《产品质量法》立法宗旨的经济法属性

1. 经济法的立法宗旨

经济法的立法宗旨，就是通过经济法的调整所要达到的目的或实现的目标。一般来说，解决经济法领域的基本问题与基本矛盾，就是经济法的立法宗旨。经济法所追求的社会整体利益的宗旨，通过下列目标实现。

（1）稳定增长目标。增长目标涵盖经济目标与社会目标。稳定增长目标强调经济要在稳定、有序的状态下增长。该目标的实现，需要宏观经济与微观市场共同努力。经济目标的实现，在客观上也是社会问题的解决。因为，类似物价、就业、市场秩序等问题，具有经济目标与社会目标的双重性特点。这些问题的解决，本身就是在解决社会问题，也是经济目标与社会目标密切相关的重要体现。

（2）保障人权目标。经济法是关于权利与权力、财富与利益等多个方面的分配法。保障人权的目标并不是经济法所独有的，因为任何国家的法律都从不同角度对基本人权进行不同程度的保障。但鉴于经济法所要解决的基本问题是关乎个人、集体、国家与社会整体的，其对人权保护的作用尤为重要。因而，经济法的各个部门法都明确规定对基本人权的保障。例如，《产品质量法》通过对产品质量进行管理，对产品生产者、销售者义务与责任的规定来保障人权；《反垄断法》通过限制垄断来防止不良商家哄抬物价，保护消费者的权益等。这些说明经济法对人权的保障具有普遍性。

（3）保护社会公益的目标。经济法把社会公益作为自己的法益保护目标，这说明经济法高度重视社会公益。事实上，经济法不仅保护私人利益和国家利益，也保护社会公益。明确保护社会公益作为经济法的立法宗旨，有助于社会公益保护，弥补传统公法和私法的不足。经济法对社会公共利益进行强调，有助于加强对私人利益、国家利益和社会公共利益的均衡保护。

（4）良性运行和协调发展的目标。经济法调整的最高目标是促进经济与社会的良性运行和协调发展，这是建立在经济法有效解决个体营利性和社会公益性的矛盾，兼顾效率与公平的基础上，形成的一种更高的社会秩序。它所要求的不仅是社会或经济单方面的良性运行和协调发展，而且是经济与社会都要良性运行和协调发展。

总之，经济法的立法宗旨所追求的价值具有多元化。经济法的立法宗旨可以从横向、纵向两个方面进行解析。在横向上，经济法的调整目标分为经济目标与社会目标，经济法在对经济关系进行调整、促进经济增长的同时，也促进了社会的和谐发展，两者相辅相成、联系紧密。在纵向上，经济法的调整目标有基本目标与最高目标，基本目标是最高目标的前提和基础，经济法在对经济关系进行规制的基础上保障各方利益，以期实现经济与社会的良性运行和协调发展。

2. 《产品质量法》立法宗旨的经济法属性分析

《产品质量法》的立法宗旨在经济法上具有多重属性和功能。经济法作为法律的一个分支，旨在规范和管理经济活动，保障市场秩序的公平、稳定和健康发展。在《产品质量法》中，其立法宗旨的经济法属性主要体现在以下方面：

（1）市场秩序维护与公平竞争。《产品质量法》旨在确保产品的质量安全，防止次品、伪劣产品流入市场，维护市场秩序，保障消费者的合法权益。这有助于促进公平竞争，使企业在公正的环境中竞争，提高产品质量和服务水平，创造更多的市场机会。

（2）消费者权益保护。《产品质量法》的立法宗旨之一是保护消费者的合法权益。通过规定产品质量标准、追溯制度、召回机制等，保障消费者购买安全、合格的产品，降低购买风险，增强消费者信心，从而促进消费活动，推动市场经济发展。

（3）促进经济发展和国际贸易。通过建立和完善产品质量法律体系，不仅能够提高国内产品的质量水平，增强国内市场竞争力，还能提升产品的国际竞争力，促进国际贸易的发展。合格的产品可以更轻松地进入国际市场，增加出口机会，推动国家经济的发展。

（4）建立信任和品牌效应。《产品质量法》的实施有助于企业建立良好的信誉和品牌形象。通过提供高质量的产品和服务，企业能够赢得消费者的信任和认可，树立起品牌的良好形象，进而提高市场份额，增加消费者忠诚度。

综上所述，《产品质量法》在经济法上的属性体现了对市场秩序、消费者权益、经济发展和企业品牌形象等方面的重视，旨在建立健全的法律框架，推动经济稳健增长，维护市场公平与秩序。

（三）《产品质量法》权义结构的经济法属性

法律关系的特征是通过主体、客体、内容要素体现的。而最能反映法律所调整的社会关系所具有的特殊性的，是作为法律关系内容的权利义务及其组合，即权义结构。

1. 经济法的权义结构

在经济法的规范论中，权义结构是核心问题。对经济法主体的权义结构进行全面解析，就需要分别探讨权责结构和利义结构。其中，调制主体的职权，是经济法赋予调制主体用以矫正市场经济的各种权力，其特点在于只能行使而不可放弃，权力与责任是统一的。同时，对于调制主体违反职权行使的规定，经济法规定了相应的法律责任，即调制主体的职责。

与调制主体的职权与职责相对应，调制受体所享有的一系列的权利与义务的排列组合，称为调制受体的利义结构。经济法权义结构具有特殊性，具体如下：

（1）从权源上看，调制主体的权责源于其"职"，因"职"而有权、有责，且具有主动性。而其"职"源于《宪法》及相关法律的直接规定，源于国家授权。调制受体的权利与义务源于调制主体的调制行为，在调制主体依法调制的范围内依法享有权利、履行义务，且具有相对被动性的特点。

（2）从法律规范的分布上看，经济法的法规分布具有明显的不均衡性，表现为明显的倾斜性与偏在性。这种不平衡性在经济法的若干子法中均有体现，无论是在宏观调控法中，还是在市场规制法中，法律总是赋予调制主体较多的矫正性权力，而甚少规定其义务；对于调制受体则限制其权利、自由，并课以大量义务，这表现出经济法上的权利向调制主体倾斜的趋向。

（3）从权利与义务的对应关系上看，经济法主体的对应关系呈现出不对等性。调制主体注重职权的规定，具有授权法特性。而调制受体注重义务的规定，鲜见其权利规定，具有补充法特性。

2.《产品质量法》权义结构的经济法属性分析

《产品质量法》的权利与义务结构是由《产品质量法》所调整的社会关系决定的，对《产品质量法》权利与义务结构的解读，须从《产品质量法》所调整的社会关系入手。我国《产品质量法》调整的社会关系包括：产品质量监督管理关系，这是由于经济管理机关执行产品质量监督管理职能而发生的经济关系；产品质量责任关系，这是由于生产者、销售者与消费者之间进行商品交易所发生的经济关系。无论是产品质量监督管理关系，还是产品质量责任关系都体现出经济法权利与义务结构的特性。

（1）产品质量监督管理关系——《产品质量法》的权责结构。产品质量监督管理是由国家权威的监督检查机关，依据产品相应的国家标准、行业标准，依据法定权限，按照法定程序，对产品质量进行的检查与监督。产品质量监督管理不仅从根本上促使生产经营者提高产品质量，而且为国家从宏观上加强产品质量监督管理提供途径，其宗旨是通过建立健全相关产品质量监督管理制度，实现国家对产品质量的调控职能。对于产品质量监督管理关系，可以从主体和内容两方面进行解读。

第一，产品质量监督管理关系的主体。产品质量监督管理关系的主体包括实施产品质量监督管理职能的产品质量监督管理机构和依法接受其监督管理的产品的生产者、销售者。从权源上看，产品质量监督管理机构的管理职权来源于《产品质量法》的授权规定；从法律地位上看，其具有管理者和监督者的职权，因而具有主动性。这表明产品质量的监督管理者与依法接受管理的产品生产者、销售者的法律地位是不平等的，与国家为克服市场障碍而主动介入经济生活，对市场缺陷与市场障碍进行矫正的经济法是相符的。

第二，产品质量监督管理关系的内容。产品质量监督管理关系的内容主要是指产品质量监督管理关系中，产品质量监督管理机关、机构的职权与职责、权利与义务。《产品质量法》对产品质量监督管理关系作出了明确的规定，这些规定体现了经济法调制主体的权责结构。

（2）产品质量责任关系——《产品质量法》的权利与义务结构。产品质量责任关系指的是生产者、销售者与消费者之间进行商品交易所发生的经济关系，主要说明的是作为调制受体的生产者、销售者在经营过程中享有的权利和承担的义务。对于产品质量责任关系的解读可以从主体和内容两方面进行。

第一，产品质量责任关系的主体。从《产品质量法》的规定可以看出，作为调制受体的产品的生产者、销售者是主体之一，但是在其中还隐含着另一类主体，那就是作为调制主体的产品质量监督管理机构。因为产品生产者、销售者的权利与义务，是在产品质量监督管理机构等调制主体依法调制的范围内依法享有权利、履行义务，二者的地位体现了不平等的特点。

第二，产品质量责任关系的内容，主要指的是作为调制受体的产品的生产者、销售者所享有的权利和承担的义务。《产品质量法》着重对产品生产者、销售者的责任与义务作了规定，主要内容包括产品生产者的责任与义务、销售者的责任与义务。

总之，《产品质量法》对产品质量监督管理机构的权利规定较多，而对产品生产者、销售者的权利规定极少；与此相对应，对于责任与义务的规定偏向产品生产者、销售者，而对于产品质量监督管理机构和消费者等却未规定相关义务。其规范分布的倾斜性与偏在性表现明显。而且，作为受制主体的生产者、销售者的权义源于产品质量监督管理主体的调制行为，产品生产者、销售者在产品质量监督管理机构的调制行为中承担相应的责任与义务，而且只能根据《产品质量法》的规定承担责任与义务，从法规上看，体现出权利与义务不对等的状况。

从《产品质量法》主体的权义对应关系上看，其权义呈现不对等性。对产品质量监督管理主体注重职权的规定，对其职责却鲜有介绍，呈现出授权法的特性；注重对产品生产者、销售者义务的规定，其作为民商法补充法的特性明显。

（四）《产品质量法》法律责任的经济法属性

法律责任作为法律对人们行为的否定性评价，是法律的重要构成因素。任何法律的研究都离不开法律责任，研究两部法律之间的联系或区别，法律责任的研究能为其提供依据。

1. 经济法的法律责任

经济法责任作为法律责任的一种，指经济法主体因实施违背经济法规定的行为，所需要承担的不利法律后果。从法益保护的视角分析，经济法责任是指经济法主体的行为侵害了经济法所维护的法益，所要承担的否定性的后果。这种后果，除了与法律规定相关外，还是角色、职权、因果关系的综合产物。经济法责任的特殊性体现在以下五个方面：

（1）经济法责任体现了经济法的特性，即经济性、现代性、协调性与规制性。经济法责任所要实现的目的是在社会不断发展的进程中，国家运用消极的抑制和积极的鼓励手段，在兼顾个体营利性和社会公益性的基础上，促进社会经济的发展。

（2）从法益保护的角度来讲，经济法主体承担的责任具有兼顾性，即兼顾个体营利性和社会公益性。经济法所要解决的基本矛盾是个体营利性与社会公益性之间的矛盾，在其责任承担上必须兼顾个体营利性与社会公益性。

（3）从成本补偿的角度来讲，经济法主体承担的责任具有加重性，即经济法主体承担的责任既有个体营利性损失增加的私人成本的补偿，也有对社会公益性的损害增加的社会成本的补偿，即经济法责任是一种聚合责任，加重责任，不具有选择性。

（4）经济法主体的责任更多地反映的是角色责任，不同的主体承担不同的法律责任。例如，政府在经济法上作为调制主体，其承担的责任与一般的市场主体是不同的。

（5）从具体形态上看，经济法主体承担的责任具有多样性的特点。从法规上看，经济法的责任形式有民事责任、刑事责任和行政责任，在具体的责任形态上则有惩罚性赔偿、资格减等、实际履行、信用减等。

2.《产品质量法》法律责任的经济法属性分析

《产品质量法》的法律责任是指相关主体违反了《产品质量法》相关规定而应当承担的不利后果。《产品质量法》较为全面地规定了市场经济主体和行使监督管理职责的地方政府、行政监督部门所应承担的法律责任及相关行业、组织在此应承担的法律责任。《产品质量法》的法律责任包括生产者和销售者的损害赔偿责任、行政责任和刑事责任，还包括产品质量检验机构、认证机构、社会团体、社会中介机构和国家机关工作人员因违反《产品质量法》的行为而承担的行政责任、刑事责任。《产品质量法》的法律责任无论是各主体承担责任的依据，还是承担责任的具体形态，都有鲜明的经济法属性。

《产品质量法》的法律责任首先体现为角色责任，主要表现在《产品质量法》各个主体的法律责任中。《产品质量法》的法律责任因主体的不同而不同，既有生产者和销售者因产品质量而产生的违约责任、侵权责任等民事责任，基于违规生产、销售而引发的行政责任，以及严重的、有损市场经济和社会大众健康的生产、销售行为而引发的刑事责任；也有产品质量检验机构、认证机构、社会团体、社会中介机构和国家机关工作人员因违反《产品质量法》的行为承担的行政责任、刑事责任。

《产品质量法》的法律责任是针对经济关系所设定的，通过积极鼓励与消极抑制促进经济的发展，体现出经济法的经济性与规制性的特征。

《产品质量法》所保护的法益，体现了经济法的兼顾性特征。《产品质量法》关注包括个人、集体、国家与社会在内的社会公益性问题。若产品生产者、销售者等市场主体违反相关义务与责任，产品质量监督管理机构会对其进行制裁，从而达到维护社会整体利益的目的。

《产品质量法》的责任是聚合责任、加重责任。《产品质量法》的相关主体在违反了其相关义务的情况下，所要承担的责任可能不是一种，而是两种或三种，且不具有选择性。《产品质量法》法律责任的经济法属性非常明显。

第三节　数字经济时代的消费者权益保护实践

数字经济是以数字化的知识和信息作为关键生产要素，以数字技术为核心驱动力量，以现代信息网络为重要载体，通过数字技术与实体经济深度融合，不断提高经济社会的数字化、网络化、智能化水平，加速重构经济发展与治理模式的新型经济形态。数字经济对经济社会活动产生的影响是巨大而深刻的，不仅需要调整具体制度与之相适应，还需要经济法理论对其进行回应。

"消费者权益的保护问题是社会经济发展到一定阶段所产生的特有现象。"① 现行《消费者权益保护法》保护范式以消费者自然人私人利益、消费者群体公共利益和消费秩序的集合为客体，法律规范形式以消费者权利为出发点，混合了经济法社会本位的社会责任规定，以私法事后救济为主要途径，辅以经济法实施途径。在数字经济条件下，法律关系主体和客体的边界模糊，以权利为出发点的法律规范形式无法有效进行规范，事后救济途径难以实现，因此《消费者权益保护法》应当从私法辅以公法中的经济法调整的范式改变为更加纯粹的经济法范式，以作为消费交易秩序的公共利益为主要保护客体，以社会责任为保护公共利益的主要工具，以事先预防、合作治理为主要实施途径。

一、数字经济对消费者权益的冲击

在数字经济条件下，生产、交换、分配、消费等各经济环节均以数字技术为标志和驱动力。消费关系呈现出数字化、智能化的新特点，这些特点对消费者权益造成了冲击。数

---

① 康均心，刘爱军 . 论消费者权益的保护 [J] . 山东公安专科学校学报，2001，13（3）：35-39.

字经济条件下，消费呈现数字化特征。从消费者对商品和服务信息的了解、咨询，到购买、付款，以及购买后的反馈全流程都可以借助互联网完成。消费者对隐私、信息保护的关注度大大提高，这从侧面说明消费者信息安全受到较大的威胁。

在消费关系中，由于信息偏杂、经济实力差异、消费者实现消费目的与经营者实现营利目的之间的时间差和消费者承担人身、财产双重风险等原因，消费者相对于经营者而言处于弱势地位。数字经济条件下，消费智能化的特点使消费者的偏好和行为可以被算法引导和预测，数据和算法的价值观驱动人的价值观，消费者的弱势地位更加凸显。

数字经济条件下，消费关系以大量的消费过程中的数据为表现形式，人工智能对数据进行收集、分析和利用，再通过过滤分类、推荐等功能推送给消费者。消费者的偏好经过无数次地被植入意向，消费者可能会被算法驯化。数据采集、分析过程中往往负载着价值判断，数据本身所隐含的社会偏见和算法设计主体的主观偏见被带入模型训练中。技术的价值观可能驱动人的价值观，消费的智能化可能会导致少数科技精英群体驱动大多数消费者消费行为的结果。

算法的学习特性产生并加剧了数字鸿沟，消费的智能化大大提高了对消费者的科技素质要求。数字经济产生了数字贫民，非数字经济条件下不存在或不明显的问题，在数字经济条件下成为急需解决的问题。

二、《消费者权益保护法》的法律范式

为应对垄断对竞争秩序的破坏及产品事故致人损害等市场失灵现象，从经济法中分化出《消费者权益保护法》。现行《消费者权益保护法》保护的客体是消费者、自然人、私人利益、消费者群体公共利益和消费秩序的集合，法律规范形式以消费者权利为出发点，混合了经济法社会本位的社会责任规定。《消费者权益保护法》以私法事后救济为主要途径，辅以经济法实施途径。

（一）《消费者权益保护法》保护的客体

《消费者权益保护法》保护的消费者利益脱胎于自然人的私权利。经营者损害消费者利益，损害的对象被认为是作为个体的消费者的私人权益。经济法认为消费者不仅是作为个体的消费者，也是由个体消费者构成的消费者群体。消费者群体的利益是一种独立的存在，不是简单的群体成员个体利益相加之和。消费者群体的理性是相关理性，即作为社会存在的消费者不是单一的完全理性，而是相互的相关理性，个体消费者存在于特定的社会环境中，其策略的形成依赖外部环境和环境中的他人，个体消费者在形成自己的消费决策

和预期时，能够预见他人的决策和预期。消费者理性是个体理性和集体理性的统一。经营者损害消费者利益，除了对交易关系中作为经营者交易相对方的特定消费者私人利益造成损害，还损害了该消费者所依存的消费者群体的利益，以及社会正常的消费秩序。

（二）《消费者权益保护法》的规范形式

现行《消费者权益保护法》的法律规范形式以消费者权利为出发点，主要遵循"确权—侵权—救济"的路径，同时也混合了经济法社会本位的社会责任规定。法律确定权利主体及其所享受的权利，对其他人来说负有作为或不作为的义务。社会责任是社会成员为了维护成员共同享受的公共品所承担的责任。公共品具有所有权的非排他性、消费的非竞争性、效用的不可分割性，容易产生"搭便车"现象，形成公地悲剧。要保证公共品的供给和公共利益的维护，《消费者权益保护法》规定国家保护消费者合法权益不受损害、保护消费者合法权益是全社会的共同责任；国家对消费者合法权益的保护、对消费者组织活动的规定是现行《消费者权益保护法》对不同主体保护消费者权益的社会责任的规定。

三、数字经济条件下消费者权益保护路径探索

数字经济及技术创新最终的目的是服务于人类福祉。数字经济对消费者权益保护提出的挑战其实质是法律如何在支持鼓励技术创新和保护消费者权利之间取得平衡。数据、算法的发展缩小了消费者个人自治领域，但消费者群体的公共领域反而显现出来。数字经济条件下的消费者权益更多体现为消费交易秩序的公共利益而非私人权益。消费者权益受损害时，损害的对象是众多的、不特定消费者的利益，损害的是社会的消费秩序，损害后果很难具体确定。《消费者权益保护法》应当从私法辅以经济法调整的范式改变为更加纯粹的经济法范式。

（一）以公共利益为主要保护客体

从私法和经济法产生、发展的社会经济背景看，任何时代人的利益都由私人利益和公共利益构成，但二者在人的利益构成中的权重随社会经济发展的变化而变化。社会发展程度越高，在人的利益结构中，私人利益所占权重相对地不断降低，公共利益所占的权重不断提高。消费者信息如果仅从静态的、个体主义的私权角度理解，从保护私权利的立场出发，法律不断增加消费者个体的权利，如信息携带权、可擦除权等；从形式上看，增加了消费者的权利，但实质达不到保护消费者权益的目的，信息的流通、开发等公共性价值也

无从体现，同时经营者只需履行形式主义的合法合规义务，当消费者权利受损害时，无法有效维护自身权益。

消费者信息的收集与利用应当以促进消费者整体利益为基础，体现为消费者群体利益的消费者利益是所有个体消费者利益的集合，法律应保障消费者群体利益，保护作为消费交易秩序的公共利益。数字经济条件下，消费者群体的相关理性被破坏。以大数据"杀熟"现象为例，消费者作为个人能够清楚地看到经营者的标价，且消费者实际付款价格与标价相同。此时，若以个体消费者权利为保护对象，消费者按标价进行的消费决策是真实意思的表达，并无不当。但如果将消费者群体公共利益和消费秩序作为保护对象，按照相关理性思考该问题，会发现消费者无法依据其他消费者群体的相互依赖及对外部环境的依赖进行消费决策，也不能预见他人的判断和预期实现博弈均衡并实施消费行为。因此，《消费者权益保护法》应当保护的是作为社会利益的不特定消费者的权益和消费秩序，是相对于经营者处于消费交易另一端的抽象消费者。

（二）以社会责任为主要保护工具

就法律规范行使的本质功能和利益特性来看，个人权利宜于保护私人利益，社会责任宜于保护公共利益。作为经济基础的数字经济模糊了公共领域和私人领域的结构，消费者权益中包含的公共利益和私人利益的比重较之以往有了结构性的变动，消费者权益主要是公共利益。社会责任的主体是社会成员，社会责任的实现需要社会成员共同发挥作用。消费者权益、消费秩序是公共品，意味着所有从良好消费秩序获利的社会成员都应当为此负责。

传统消费关系中，和消费者相对应的主体主要是经营者，在数字经济条件下，除了经营者之外，平台方、信息收集者、使用者、算法开发者等相关主体都应当承担更多的社会责任。技术的运行是中立的，但是技术开发、软件编程、信息收集与分析等过程不可避免地带有主体的价值观，这就需要在行业内部或组织中根据技术发展的特征，制定规则或标准，构建技术正当程序与伦理规则，进行风险防范。

（三）以事先预防、合作治理为途径

责任规则主要用于事后救济。数字经济条件下，消费者权益受到的损害很难通过事后救济弥补，且随着消费者生物性数据在消费过程中被收集、分析，一旦发生损害后果，因为生物信息的唯一性和终身性，其结果可能是不可逆的。现代社会治理理念更强调合作治理，依据详细、合理的规则引导被规制的对象守法是法有效实施的关键。为有效保护消费

者的权益，应当从通过诉讼救济个案中受损害的消费者转化为事先预防、合作治理保护消费交易秩序为主的公共实施途径，保障消费者在数字经济时代安全地消费。

第一，增加以公共机关及社会组织为主导的执法，防止损害消费交易秩序的违法行为。实施这种方式的主要目的是实现预防功能、保护公益。从法实施的几种途径看，《消费者权益保护法》的实施结构以执法为主导，以司法为辅助，并增加诉讼外纠纷解决方式。

第二，增加消费者保护规则参与主体。算法开发者、数据库等社会组织和平台方在传统《消费者权益保护法》制度中非消费者交易相对方，也非向消费者承担义务的主体，但在数字经济条件下，消费的数字性、智能性特点使这些主体与消费者的权益相关性在一定程度上甚至超越了经营者。在消费者权益保护规则的制定和执行过程中，引入利益相关者的参与，通过共同协商，使消费者权益保护规则更具科学性和适应性。

第三，鼓励发展数字经济条件下消费者信息保护技术。一方面，法律总有道德维度，是技术无法完全取代的；另一方面，法律也不能放弃对科技发展的关注，仅考虑所谓法律的"价值理性"。目前，消费者权益保护的挑战来源于技术的发展，也可以通过技术的发展回应挑战。

第四，消费秩序是公共品，需要政府公权力提供基本公共品实现消费者公平。在生活消费场景中实现数字接入机会均等、培养消费者数字素养和算法认知需要政府和其他主体共同完成，确保社会成员平等、充分享有数字化消费的条件和机会，弥合数字鸿沟。

第六章　经济调控相关法律制度及实践

第一节　发展规划法原理及相关制度分析

一、发展规划法的基本原理

（一）规划和发展规划法的概念

1. 规划和发展规划的概念

规划或计划通常指人们在行动以前预先进行的设计、筹划，包括未来行动的内容和实施步骤等，简言之，规划就是未来行动的方案。

发展规划是规划体系中的一个种类。经济法中所称的发展规划一般指依法制定，由国家权力机关批准实施的经济和社会发展规划（以下简称"发展规划"），包括国民经济和社会发展总体规划中的中长期规划，以及国民经济和社会发展年度计划等。规划或计划本身是一种理性的体现，无论是个人还是组织行动之前都离不开周密的规划。对于国家和政府来说，发展规划对经济和社会的发展进步的重要性更为突出和明显。国家通过发展规划的运用，制定经济和社会发展战略，部署、规划、安排和调控国民经济运行、社会事业发展和生态文明建设，是更好地发挥政府作用的体现。

一般而言，发展规划的定义包含以下四个方面：①发展规划都是事先拟订的，与未来有关，即使发展规划在实行过程中根据现实情况有所变动，其目的依然是实现关于未来的行动目标；②发展规划包含实现发展规划的行动和步骤，因此必然与行动有关；③发展规划的制定、实现都应以掌握真实信息为基础，没有确实可靠的信息，发展规划的制定、实行和修订肯定是盲目的，在实践中会造成难以估量的后果；④发展规划的制定须依照法定程序，其实现需要法律加以保障。

2. 发展规划法的概念

发展规划的实现需要法律授予政府制定、实施发展规划的权力，也需要法律对此权力加以限制。随着政府发展规划调控权力的产生，发展规划法应运而生。发展规划法是确认国家发展规划管理机关、经营者和其他单位在发展规划体系中的法律地位，并调整它们之间在制定和实施国民经济和社会发展规划过程中发生的社会关系的法律规范总称。国民经济和社会发展规划在其编制、审批、下达、执行、调整、检查和监督各个环节中，必然有国家机关、经营者和其他单位等主体参加，它们之间因发展规划行为而形成的社会关系，统称为发展规划关系，是发展规划法的调整对象。简言之，发展规划法是调整国民经济和社会发展规划关系的法律规范的总称。

3. 发展规划法的特征

（1）发展规划法兼具程序法和实体法的双重属性。从整体上看，发展规划法的目的就是保障发展规划的合理编制和有效实施。它对发展规划内容、形式和发展规划主体的规定在一定意义上都是为了达到这一目的，从发展规划编制、审批、下达，到发展规划执行、调整、修改及监督和检查，一系列的发展规划行为是发展规划法规制的重心所在，所以发展规划法具有程序法的属性。发展规划法还包含对发展规划主体地位、权力（或权利）、职责（或义务）及法律责任的规定，其中对主体及其权利义务的界定是发展规划法运行的重要基础，而且发展规划法所规定或保障的，通过法定形式表现的发展规划具有一定的法律约束力。一般来说，发展规划法的实体性内容具有动态开放性的特征。它虽然为一定时期的国民经济发展确定了目标，但仍然可能随着实际情况的变化，对发展规划目标做调整、修改甚至废除。由此可见，发展规划法不仅具有程序法属性，还具有实体法属性。

（2）发展规划法具有显著的政策性。政策性是经济法的一个特征，而发展规划法的政策性更为显著。政策性是市场经济条件下国家发展规划的突出特点，发展规划不是对经济、社会的各个领域及各个事项作出详细规定并强制实施，而是通过对企业经济活动提供基本的指导方针，为市场机制正常发挥作用提供良好的外部政策环境，运用和组织协调各种经济政策和手段，对企业行为实行间接调节。可以说，发展规划就是以国家主要经济政策为重要内容的政策性发展规划，国家的财政政策、金融政策、产业政策、投资政策、收入分配政策等都是发展规划的重要内容。而发展规划的实现，也主要是依靠运用财政政策、货币政策、价格政策等经济手段，发展规划的实施过程本质上就是综合运用各种经济政策的过程。一定程度上可以说，发展规划法就是宏观经济政策的法律化、具体化和现实化。

（二）发展规划与宏观调控

国家发展规划机制和市场调节机制都是资源配置的手段。但市场调节并非万能，它具有被动性、滞后性、局部性和盲目性。这就需要国家随时调查各领域的经济发展情况，掌握相关数据和信息，作出分析和预测，并制定一定时期的经济和社会发展规划，制定和实施各种经济政策，运用财政、税收、金融等方面的经济杠杆和政策工具，对市场活动加以引导。

国家还可以通过法律和政策，为经营者提供必要的基础设施及其他公共服务。这些弥补市场调节机制缺陷的措施通常被称为国家发展规划机制，其中较为重要的就是发展规划调控机制。国家通过制定发展规划可以事前进行主动调节，引导投资方向和规模，促进经济结构合理化，从而在一定程度上弥补市场调节机制的内在缺陷。

除了弥补市场调节机制的缺陷外，发展规划还能调节市场主体、社会团体与国家之间的利益分配。随着社会生产力的不断发展，任何社会化生产都必须在国民经济的各个部门、各个环节之间按协调发展的要求合理分配公共社会资源。人类进入现代社会后，各类市场主体和社会团体都有其独立的利益与目标。各种利益不仅各自之间相互交错、冲突，还与国家、社会的长远利益相交错、冲突。此时就需要政府在尊重市场和社会规律的前提下，制定发展规划来平衡、协调各方利益，使各类市场主体、社会团体的利益与国家利益不相冲突。

一方面，发展规划的制定和实施能帮助国家综合考虑个体利益与整体利益、短期利益与长远利益，从而避免国家利益与各方主体利益之间产生重大冲突；另一方面，通过对发展规划的解读和实行，各市场主体与社会团体能预测经济发展的趋势，及时调整个体短期发展规划，在维护个体利益的同时，避免与国家利益产生冲突。

发展规划调控是宏观调控的下位概念。经济学上的"宏观"是指国民经济中的总量，包括总供给、总需求及总价格、总就业量等。宏观调控，即为国家运用经济政策和杠杆对总量进行调节，促进总需求和总供给的基本平衡，以实现经济的平稳增长。发展规划调控就是用编制、执行和检查发展规划的方法对宏观经济活动进行调节与控制。在社会主义市场经济建设初期，发展规划调控的意义在于其对社会化大生产的强调。此时的发展规划调控要建立在公有制基础上，并兼顾市场经济的基本规律。随着改革开放的深化，人们逐渐认识到，资本主义国家在私有制和市场经济的基础上也制定发展规划以实现对经济发展的引导，其中包括法国、日本、荷兰、挪威和瑞典等国家。此时，对发展规划调控的定义也逐渐放宽，变为：发展规划调控是社会按照预先确定的目标，运用各种力量和形式调节国民经济的运行过程。在这一界定下，无论发展规划调控以何种方式实现，只要是由社会按照事先确定的原则和目标进行的，就属于宏观调控的一种手段。发展规划调控的主要形式有指令性发展规划和指导性发展规划。发展规划调控的对象主要是国民经济中各种重大的比例关系和总需求与总供给。

（三）发展规划权的分配

1. 发展规划调控权的纵向分配

发展规划调控权属于发展规划权的一种，发展规划调控权的纵向分配与发展规划权的纵向分配息息相关。我国实行以国民经济和社会发展总体规划为统领，专项规划、区域规划、地方规划、年度计划等为支撑的发展规划体系。由此可见，我国发展规划实践中，发展规划权主要集中在中央政府，而地方政府除了在区域规划、地方规划制定和实施中具有法定发展规划权外，大多只有发展规划的执行权。《国务院关于加强国民经济和社会发展规划编制工作的若干意见》规定，我国的发展规划管理体系为三级三类体系，其中国民经济和社会发展规划按行政层级分为国家级发展规划、省（区、市）级规划、市县规划；按对象和功能分为总体发展规划、专项发展规划和区域发展规划。

全国性的国民经济和社会发展总体规划由国务院编制和管理，并由国家发展和改革委员会负责编制工作。国家发展和改革委员会作为国务院的组成部门，是综合研究拟订经济和社会发展政策，进行总量平衡，指导总体经济体制改革的发展规划部门。国家发展和改革委员会的主要职责是拟订并组织实施国民经济和社会发展战略、中长期规划和年度发展计划；提出国民经济发展和优化重大经济结构的目标和政策；提出运用各种经济手段和政策的建议；受国务院委托向全国人大作国民经济和社会发展规划的报告。全国性的行业发展规划由国务院各个部门负责编制。

地方性的国民经济和社会发展规划包括省一级和县一级的发展规划，分别由省、自治区、直辖市、发展规划单列市人民政府和县人民政府编制和管理，并由同级发展和改革委员会负责编制工作。地方性的专项规划由各级人民政府有关部门和区域内省（区、市）人民政府有关部门编制。跨省（区、市）的区域规划由国务院发展改革部门组织国务院有关部门和区域内省（区、市）人民政府有关部门编制。

2. 发展规划调控权的横向分配

根据发展规划的过程，可以将发展规划权分为发展规划编制权、发展规划审批权、发展规划实施权和发展规划监督权。

（1）行使发展规划编制权的主体应具备的能力

发展规划工作顺利与否很大程度上取决于发展规划的编制是否科学，而发展规划编制权的正确实施是发展规划工作顺利开展的重要保证。

第一，理智能力。发展规划是一种高强度的理智活动，强调知识、智慧、思想、经验在指导国民经济和社会发展规划中不可替代的积极作用。行使发展规划编制权的主体应是发展规划的合理性的捍卫者。

第二，代表能力。发展规划是国民经济和社会发展规划，关乎国计民生，应有公众参与，应有广泛的民主性。但每一次编制发展规划无法由公众直接参与，那就必须由具有相当代表能力、能够代表大众利益的机构来行使发展规划编制权。

第三，责任能力。发展规划对国家、社会前途和人民安康具有重要意义。因此，要使发展规划能够有效落实，规定发展规划机关及其工作人员在制定规划和执行规划过程中应承担相应的法律责任，这对强化规划的执行力是很有必要的。

（2）行使发展规划审批权的主体应具备的能力

发展规划编制出来后，必须经过审批，只有审批通过后的发展规划才具有法律约束力，因此发展规划调控权配置中应有对发展规划审批权的安排。

第一，审查能力。发展规划审批主体必须具有高水平的专业技术知识，熟悉各种情况，能够弄清发展规划中错综复杂的关系，以便审查发展规划是否反映民意，是否代表大众利益，是否集思广益，是否符合法定权限和程序，是否切实可行。审查能力的具备可以使审查机关减少不合格发展规划的出现，从而维护国家、社会和人民的利益。

第二，批判能力。发展规划是对未来的预测和未来的行动方案。但未来是未知的、变化的，对未来的预测极容易出现失误。为了将失误的出现频次降到最低限度，发展规划审批权的行使主体应具有批判能力，对发展规划草案能够提出批评、质疑。

第三，建议能力。发展规划审批主体对发展规划的审查批判不是为了审查而审查，为了批判而批判。这样的审查和批判仅仅是简单的否定和纯粹的发难，并没有起到审查的真正作用。因此，在具备审查能力和批判能力后，行使发展规划审批权的主体还应具备建议能力，能够对发展规划草案提出较为切实的建议，从而协助发展规划编制权的行使主体完善发展规划。

（3）行使发展规划实施权的主体应具备的能力

发展规划经过编制、审批后，只有得到有效实施，才能真正实现发展规划目标，因此发展规划调控权配置中也须对发展规划实施权的分配加以考虑。

第一，认知能力。如果发展规划不能被其他部门接受，即使它很合理，也只能以失败告终。行使发展规划实施权的主体要对发展规划内容有正确理解，能够抓住问题、把握重点、理解精神、明确目标。同时，行使发展规划实施权的主体要对发展规划的实施有清晰思路，并能针对目标，结合具体条件，部署相应资源，采取得力措施，按部就班地进行。

第二，行为能力。发展规划的实施不是纸上谈兵，必须最终落在行动中。因此，行使发展规划实施权的主体需要充分发挥各个市场参与主体的主动性、积极性和创造性，调动一切可以调动的力量来实现发展规划。如果行使发展规划实施权的主体并不想真正实施发展规划，再好的发展规划也会成为一纸空文。

第三，保障能力。实施发展规划是一项艰难的任务，指令性发展规划指标尤其如此，是一项必须完成的艰难任务，如果没有保障能力，是无法实施发展规划的。

（4）行使发展规划监督权的主体应具备的能力

发展规划是在尊重市场决定性作用这一前提下的资源配置手段，一旦发展规划实施过程中出现问题，就可能产生巨大的资源浪费和社会财富及生态的重大损失。因此，要设立专门的发展规划监督主体，对发展规划工作加以监督。发展规划监督主体专门监督发展规划工作，尤其是对发展规划编制、审批和实施主体进行监督。

第一，监督能力。对发展规划工作进行监督主要包括以下两个方面：一方面是监督主体依据法定权限和方式进行监督；另一方面是监督主体监督发展规划工作是否合法，如发展规划是否合乎法定权限，是否合乎法定程序，是否合乎法律政策，这是对被监督者的监督。这两个方面的监督都要求行使发展规划监督权的主体应当具有相应的法律专业知识和能力，即一定的监督能力。

第二，监测能力。发展规划实施是一个动态过程，有许多不确定因素会导致发展规划在实施时遇到与发展规划编制时不同的环境，造成实际情况与原定发展规划目标相脱离。这就需要发展规划编制、实施各方在科学论证的基础上对发展规划加以调整。要想进行合理调整，就要有对发展规划一以贯之的监测，以便识别发展规划编制、实施过程中出现的新问题，适时提出调整。因此，发展规划监测能力是行使发展规划监督权的主体应具备的能力之一。

第三，监评能力。对发展规划的监督不是为了监督而监督，监督仅仅是手段，其目的在于通过监督发现问题，并督促相关主体在发展规划编制和实施过程中加以改正。在监督的基础上进行有的放矢、具体有效的批评，才是行使发展规划监督权的主体所追求的目标。因此，行使发展规划监督权的主体应具有监评能力。

（四）发展规划法的程序法和实体法属性

在社会主义市场经济体制下，发展规划、金融和财政是发展规划体系的核心和支柱。发展规划通过平衡经济总量、引导投资、促进经济结构合理化、帮助市场主体预测经济发展趋势来对市场进行发展规划。发展规划调控的手段有很多种，但这些调控手段并不等同于发展规划法的调控方式。发展规划的调控手段实际上是将宏观经济政策与实际经济发展状况相结合，制定未来一段时间内的经济目标，本质上是一种宏观经济政策；发展规划法作为法律，不可能将具有时限性的政策直接放入法律文本中，必须从法律调整自身特点出发，结合发展规划调控的特点，来实现更为间接的调控。

由此看来，发展规划法的调控方式实则是通过发展规划实体法对发展规划机构、职责、内容形式及指标体系进行规定，使发展规划的编制、审批、实施和监督都在实体法所规定的框架内进行；发展规划法还通过程序法来对发展规划的编制、审批、实施和监督进行规范，在实现程序正义的同时，达到调控目的。

二、发展规划的编制、审批与实施

（一）发展规划的编制

1. 发展规划编制的实施步骤

（1）掌握信息，分析预测。发展规划编制机关在这一阶段认真研究总结上一期发展规划的实施情况，准确掌握有关信息，全面分析各种信息所反映的政治、经济、科技和社会各方面的情况，在此基础上作出国民经济和社会发展趋势的预测，为发展规划的编制做好基础性工作。

（2）草拟发展规划目标和相应的实施方案。这一阶段是发展规划编制极为关键的一环，也是发展规划编制的实质性工作阶段。发展规划编制机关不仅应充分运用第一阶段提供的各种资料、数据和其他各种科学方法，搞好综合平衡，也要制订各种方案进行筛选。这一阶段的基本要求是加强协调管理，遵循客观规律和科学原理，提高发展规划的科学性。

（3）确定发展规划方案。在这一阶段，发展规划编制机关要征求专家意见，全面分析，综合评价，最终确定发展规划方案。

2. 发展规划编制的注意事项

（1）遵循正确的规划编制原则。坚持以人为本，全面、协调、可持续的科学发展观；

坚持从实际出发，遵循自然规律、经济规律和社会发展规律；坚持科学化、民主化，广泛听取社会各界和人民群众的意见；坚持统筹兼顾，加强各级各类规划之间的衔接和协调；坚持社会主义市场经济体制的改革方向，充分发挥市场配置资源的基础性作用。

（2）做好规划编制的前期工作。编制规划前，必须认真做好基础调查、信息收集、课题研究及纳入规划重大项目的论证等前期工作，及时与有关方面进行沟通协调。编制国家级专项规划，编制部门要拟订规划编制工作方案，明确规划编制的必要性、衔接单位、论证方式、进度安排和批准机关等，并送有关部门进行协调。需由国务院批准的专项规划，要拟订年度计划，由国务院发展改革部门会同有关部门报国务院批准后执行。编制跨省（区、市）区域规划，由国务院发展改革部门会同有关省（区、市）人民政府提出申请，经国务院批准后实施。规划编制工作所需经费，应按照综合考虑、统筹安排的原则，由编制规划的部门协商同级财政部门后列入部门预算。

（3）强化规划之间的衔接协调。要高度重视规划衔接工作，使各类规划协调一致，形成合力。规划衔接要遵循专项规划和区域规划服从本级和上级总体规划，下级政府规划服从上级政府规划，专项规划之间不得相互矛盾的原则。编制跨省（区、市）区域规划，还要充分考虑土地利用总体规划、城市规划等相关领域规划的要求。

省（区、市）级总体规划草案在送本级人民政府审定前，应由省（区、市）发展改革部门送国务院发展改革部门与国家总体规划进行衔接，并送相关的相邻省（区、市）人民政府发展改革部门与其总体规划进行衔接，必要时还应送国务院其他有关部门与国家级专项规划进行衔接。相邻地区间规划衔接不能达成一致意见的，可由国务院发展改革部门进行协调，重大事项报国务院决定。

专项规划草案由编制部门送本级人民政府发展改革部门与总体规划进行衔接，送上一级人民政府有关部门与其编制的专项规划进行衔接，涉及其他领域时还应当送本级人民政府有关部门与其编制的专项规划进行衔接。同级专项规划之间衔接不能达成一致意见的，由本级人民政府协调决定。

跨省（区、市）的区域规划草案由国务院发展改革部门送国务院其他有关部门与相关专项规划进行衔接。

（二）发展规划的审批

发展规划的审批是国家权力机关行使审批权的结果。由国家权力机关作为发展规划的审批机关原因有以下两个：①国家发展规划直接影响到其实施所涉及区域内的公民利益，发展规划内容因此应反映该区域内公民的意志，尊重公民依法享有的权利，由该区域内最高权力机关审批是依据《宪法》规定的保障公民基本权利来制定国家发展规划的唯一合法途径；②国家制定实施发展规划，是国家对国民经济管理的方式。基于发展规划的这一性质及其在国民经济和社会事务管理体制中的地位和功能，发展规划须经国家权力机关的审批才有效，才能对发展规划执行机关形成约束力。

除法律、行政法规、规定及涉及国家秘密外，发展规划经法定程序批准后应当及时公布。未经衔接或专家论证的规划，不得报请批准和公布实施。

（三）发展规划的实施

发展规划的实施，是发展规划制定的意义所在，也是整个发展规划法律程序中最重要的一环。发展规划调控改革的重要表现之一就是发展规划实施方式的变化。

发展规划在实施过程中不可避免地会遇到因情况变化而无法继续的情形，这就需要对发展规划进行调整。发展规划的调整是发展规划工作中的非正常和特殊环节，是在发展规划执行过程中因情况的变化，依法定权限和程序对发展规划进行的必要变更或修改。发展规划的调整，要遵循相应的原则和规则，更要有严格的规范，只有在符合法定条件时，在法定职权范围内、在履行法定程序的情况下才能进行。

第一，实行规划评估制度。规划编制部门要在规划实施过程中适时组织开展对规划实施情况的评估，及时发现问题，认真分析产生问题的原因，提出有针对性的对策建议。评估工作可以由编制部门自行承担，也可以委托其他机构进行评估。评估结果要形成报告，作为修订规划的重要依据。有关地区和部门也要密切跟踪分析规划实施情况，及时向规划编制部门反馈意见。

第二，适时对规划进行调整和修订。经评估或者因其他原因需要对规划进行修订的，规划编制部门应当提出规划修订方案。总体规划涉及的特定领域或区域发展方向等内容有重大变化的，专项规划和区域规划也要相应进行调整和修订。

三、发展规划法的相关制度

（一）产业政策法制度

1. 产业政策的概念

产业政策是指一个国家或地区为实现其一定时期的经济和社会发展目标而制定的相应

的发展、限制产业的目标及保障实现这些目标的各项政策所组成的政策体系。产业政策一般以各产业为直接对象，保护和扶植某些产业，调整和整顿产业组织，其目的是改善资源配置，实现经济稳定与增长，增强国际竞争力，改善与保护生态环境等。产业政策是市场经济条件下政府宏观经济调控政策的重要方面。

不同的经济发展阶段，产业政策的目标各有侧重。总的来说，主要有以下三个方面：

（1）产业增长与发展目标。常见于经济振兴期或高速增长期，政府采取保护、扶植和培育等措施，促进本国产业的高速增长，从而带动本国经济的快速发展。

（2）产业结构调整目标。政府通过对产业结构的调整，协调产业间的相互关系，实现产业结构的合理化与高级化，使产业资源得到合理而有效的配置，从而为本国经济的进一步发展打下坚实的基础。

（3）产业组织协调目标。政府通过协调与调整产业组织关系，解决产业内部企业间的矛盾，使企业保持良好的竞争与协作关系，限制产业垄断和企业垄断，建立良好的产业活动秩序。

2. 产业政策的体系

（1）产业结构政策。产业结构政策是指政府依据本国的产业结构演化趋势，为推进产业结构优化升级而制定的产业政策。产业结构政策针对的是产业间的资源配置结构优化与调控问题，其实质在于从推动产业结构的合理演进中求得经济增长和资源配置效率的改善。产业结构政策包括主导产业选择和支持政策、弱小产业扶植政策和衰退产业调整政策等。

（2）产业组织政策。产业组织政策是指政府为了获得理想的市场绩效而制定的干预产业的市场结构和市场行为的政策。产业组织政策针对的是产业内的资源配置结构优化与调控问题，其实质是政府通过协调产业组织中规模经济与竞争活力之间的矛盾，以建立正常的市场秩序，提高市场绩效。产业组织政策包括竞争（反垄断）政策、中小企业政策和直接规制政策等。

（3）产业技术政策。产业技术政策是政府制定的促进产业技术进步的政策，是政府对产业的技术进步、技术结构选择和技术开发进行预测、决策、规划、协调、推动、监督和服务等的综合体现。其主要内容包括产业技术发展的目标、主攻方向、重点领域、实现目标的策略和措施，是保障产业技术适度和有效发展的重要手段。

（4）产业布局政策。产业布局政策是指政府为实现产业空间分布和组合合理化而制定的政策。产业布局的合理化，实质上是地区分工协作的合理化、资源地区配置和利用的合理化。产业布局政策一般有经济发展、社会稳定、生态平衡和国家安全等方面的目标。产业布局政策主要包括区域产业扶持政策、区域产业调整政策和区域产业保护政策等。

（二）政府投资调控法律制度

1. 投资与发展规划

广义的投资是指主体牺牲或放弃现在可用于消费的价值以获取未来更大价值的一种经济活动；狭义的投资仅指固定资产投资。按照不同标准，投资又有不同分类：以投资对象为标准，投资可以分为固定资产投资和流动资产投资；以投资是否借助金融中介为标准，投资可以分为直接投资和间接投资；以用于投资的资产性质为标准，投资可以分为国家投资和民间投资；以投资主体的身份为标准，投资可以分为政府投资和私人投资；以用于投资的资产来源是境内还是境外为标准，投资可以分为内资投资和外资投资；以资本投向是境内还是境外为标准，投资可以分为境内投资和境外投资。

在国家发展规划中，投资与发展规划紧密相关。一方面，国家的各项投资必须在国家各级政府的发展规划指导和协调下进行。投资发展规划是政府对投资活动进行发展规划的集中体现，是投资管理的基本依据；另一方面，国民经济和社会发展规划要通过包括投资在内的各种建设活动进行落实，投资建设是实现国家发展规划的手段之一。

2. 政府投资调控法律制度

在投资过程中发生以政府为一方主体的社会关系，国家需要制定法律予以调整。这种社会关系，既有表现为政府对非国有投资主体参与的竞争性投资项目，运用经济杠杆（如利率、税收）进行间接调控所发生的社会关系，也有表现为以政府参与为主的基础性和公益性投资项目，运用经济和行政手段进行直接调控所发生的社会关系。要进一步放宽基础设施、公用事业等领域的市场准入限制，采取特许经营、政府购买服务等政府和社会合作模式，鼓励社会资本参与投资建设运营。

政府投资调控法律制度一般包括政府投资调控主体制度、投资调控管理制度、投资责任制度和投资程序制度。政府投资调控主体制度是指依法确立、约束和规范政府投资主体的法律规范的总称。投资调控管理制度是指政府依法通过经济和行政手段的综合作用对投资活动形成制约关系，从而使投资主体的活动符合发展规划要求的内在调控机制。投资调控管理制度分为纵向和横向两种。纵向管理制度可分为中央政府的管理和地方政府的管理。其中，中央政府的纵向管理要求国务院有关部门依据国民经济和社会发展规划，编制各个领域的发展建设规划。地方政府的纵向管理则要求各级地方政府及其有关部门努力提高政府投资效益，引导社会投资，制定并适时调整国家固定资产投资指导目录、外商投资产业指导目录，明确国家鼓励、限制和禁止投资的项目。建立投资信息发布制度，及时发布政府对投资的调控目标、主要调控政策、重点行业投资状况和发展趋势等信息，引导全社会的投资活动。建立科学的行业准入制度，规范重点行业的各项标准。除了纵向管理，投资调控还有横向管理，包括发展规划管理、财政管理和金融管理。

仅有投资调控主体制度和投资调控管理制度还不足以构成完整的投资调控法律制度。投资责任制度是强化投资调控主体制度和投资调控管理制度的关键。投资调控主体制度和投资调控管理制度的实现需要投资责任制度加以约束。在投资责任制度中，由投资主体对投资项目的筹划、筹资、人事任免、招标定标、建设实施直至生产经营、债务偿还及资产保值、增值，进行全过程负责。法律责任形式包括民事责任（如投资债务清偿中的赔偿责任）、行政责任（如投资发展规划决策失误的行政责任）、刑事责任（如对蓄意转移国有投资资产及化公为私行为人的刑事责任）。在政府投资中，政府作为投资者主要承担的是民事责任，而政府中的投资决策者主要承担的是行政责任或刑事责任。

投资程序制度是前述以投资主体、管理、责任制度为投资法律关系主体一体遵行并保障法治的关键环节。投资程序制度主要包括投资项目建设程序和投资监督程序。投资项目建设程序包括以下三个阶段：①投资决策阶段。其中包括可行性论证制度、审批制度、专家评议制度和公示制度。②投资项目建设实施阶段。这一阶段包括投资项目设计和投资项目施工两个阶段。投资项目设计阶段包括项目设计单位的选择、设计单位的权利和义务、设计的依据和标准，以及设计文件的审批等规定。当设计文件批准之后，投资项目就进入施工阶段。在此阶段中，有关施工单位的选择，建筑施工承包合同的订立和履行，严禁建设承包合同的层层转包和违法分包，以及相关的施工配套措施和施工原材料的准备等，都有详尽的规定。③投资建设项目的竣工验收和交付使用阶段。这一阶段是投资项目建设程序的最后阶段。

现阶段投资监督程序主要包括以下三种：①政府各部门在各自职权范围内，对投资活动进行的审查监督，包括发展规划部门对投资发展规划的制定和执行进行的发展规划监督，以及税收部门依税法对投资活动实施财税监督；②其他国家机关（立法机关和司法机关）对投资活动进行的审查监督，包括各级人大对投资发展规划、预算和决算的审查批准，投资发展规划执行情况的监督，以及投资活动过程中违法现象的检查；司法机关则在其权限范围内，依法调处投资纠纷，依法追究投资活动中违法犯罪行为人的法律责任，以保证投资活动的顺利进行；③有关社会组织对投资活动进行的审查监督。

第二节　《价格法》中的价格行为与价格管理

一、《价格法》概述

（一）价格与价格体系

1. 价值与价格的概念

市场经济的核心是市场，市场的核心是价格。价格是市场经济的晴雨表，是制约市场经济的一把"双刃剑"。由价格所形成的价格机制是市场经济机制中最重要、最关键的一种机制力量，关系着一个社会、一个国家的社会经济生活及政治生活的兴衰成败。因此，世界各国都十分重视价格与税率、利率。它们共同组成了最重要的调节市场经济关系的经济手段。

价格与商品、商品经济如影随形，不可分离。人类社会经过大分工后，出现了可用来交换的多余产品，此产品即为商品，此交换活动即为商品交换。商品具有双重性：使用价值和价值。使用价值是人们可直接知晓、可具体控制的；而价值则是凝结在商品中的一般人类劳动。这种凝结的一般人类劳动，既不能通过商品自身体现出来，也不能由生产者（及经营者）决定其大小与有无，只能通过市场交换，以及与其他商品的交换比例才能体现出来。这种使用价值之间的交换比例即为交换价值。

人类社会自有商品以来，交换价值形式不断变化发展。由最初的物物交换到一般等价物——货币的出现（货币形式自身也在变化发展），一切商品都需要通过与货币交换才能体现自己的价值。体现交换价值的即为价格。

价值与价格的关系是：价值是价格的基础，价格是价值的货币表现。二者应一致，但又常不一致。从根本上说，价值决定价格，但价格总是围绕价值这一基轴线不断地波动、偏离。二者完全等同是暂时的，甚至是不可能的。二者的这种经常性的不一致是常态，这正是价值规律作用的表现。没有这种偏离运动，市场就"活"不起来，无法存在，国家也无法运用它调控经济生活。

2. 价格体系的分类

价格体系是指各种价格形式（种类）按一定序列排列组合的统一体。任何市场都会存在不同种类的价格；任何国家也都会以政策和法律对不同种类的价格予以认可。如果按一定标准对价格进行分类和排列组合，便会组成各种价格体系。常见的有以下四种：①按经济部门分类，有农产品价格、轻工产品价格、建筑产品价格等；②按生产要素分类，有资金价格、土地价格、劳动力价格、科技与信息产品价格等；③按商品流通环节和过程分类，有农产品收购价格、工矿产品收购价格、商品调拨价格、商品批发价格、商品零售价格、地区差价、季节差价等；④按国家（政府）参与度与经营者的自由度关系分类，有市场调节价、政府指导价、政府定价等。

（二）《价格法》

《价格法》是一部反映市场规律客观要求，反映我国经济体制改革目标的经济立法。自颁布以来，至今未做修改。它也是一部典型的经济法，从形式到内容都体现着经济法的理念、本质和功能。从体例上看，它一改以往的模式，先规定经营者价格行为，后规定政府定价行为；先规定市场调节价，后规定政府定价；表现了以市场经济为基础，以国家调控为指导（引导）的经济法原则精神；表现了国家实行并逐步完善的是宏观调控下由市场形成价格的机制。其他关于价格总水平调控制度和各项监督检查制度的规定也都体现了经济法的预防为主、防治结合、多种手段综合调整的功能。

《价格法》的作用如下：用法律形式推动合理价格的形成；规范价格行为；发挥价格优化配置资源的功能；稳定市场价格总水平；干预市场价格的急剧波动；保护消费者的合法权益；等等。

二、经营者的价格行为

（一）经营者定价的原则与基本依据

经营者的产品、劳务价格应由经营者自主决定和实施，这是市场经济、市场主体的应有之义。但在现代市场经济中，经营者的价格行为不应是意思自治的私行为，企业的价格权利也不应是绝对的权利，它受到应有的社会约束和法律规制。因此，《价格法》规定了经营者定价时应遵循的原则和基本依据：①经营者定价应遵循公平、合法和诚实信用的基本原则；②经营者定价的基本依据是生产经营成本和市场供求状况。

（二）经营者的价格权利

第一，自主定价权，即自主地制定属于市场调节的价格。

第二，政府指导价幅度内的定价权，即在政府指导价规定的幅度内制定价格。

第三，新产品试销定价权，即制定属于政府定价、政府指导价产品范围内的新产品的试销价格。但特定产品除外，即应该执行政府定价或政府指导价。

第四，检举控告权，即对侵犯其依法自主定价权的行为，有权检举、控告。

此外，在政府定价、政府指导价范围内的产品，经有关部门鉴定、审批后，可行使一定的产品定价权，确定处理产品定价权（指残损、废旧商品和冷背呆滞商品等），还有价格建议权。

（三）经营者的价格义务

第一，合理定价的义务。经营者应当努力改进生产经营管理，降低生产经营成本，提供价格合理的商品和服务，在市场竞争中获取合法利润。

第二，诚实定价的义务。经营者应当依据其经营条件，建立健全内部价格管理制度，核定生产经营成本，不得弄虚作假。

第三，依法定价的义务。经营者进行价格活动，应当遵守法律、法规，执行依法定价、政府定价和法定的价格干预措施与紧急措施。

第四，明码标价的义务。经营者销售、收购商品和提供服务，应按规定明码标价，注明商品的品名、产地、规格、等级、计价单位、价格或服务项目、收费标准。商品标价之外加价出售商品，不得收取未予标明的费用。价格标签因价格形式不同而颜色有别。红色为政府定价，蓝色为政府指导价，绿色为市场调节价。

第五，不得有不正当价格行为的义务。经营者不得有下列不正当价格行为：①串通、操纵价格的行为，指经营者相互串通、操纵价格，损害其他经营者或消费者的合法权益；②低价倾销行为，指经营者除依法降价处理鲜活商品、季节性商品、积压商品外，为排挤竞争对手或独占市场，以低于成本的价格扰乱正常的生产经营秩序，损害国家利益或者其他经营者的合法权益；③哄抬价格行为，指经营者制造、散布信息，哄抬价格，推动商品价格过高上涨；④价格欺诈行为，指经营者利用虚伪的或者使人误解的价格手段，诱骗消费者或者其他经营者与之交易，如虚伪的打折，欺骗性的"跳楼价""清仓价"；⑤价格歧视行为，指经营者在提供相同商品或服务时，对具有同等交易条件的其他经营者实行价格歧视，这里是指高价歧视；⑥变相提价、压价行为，指经营者采取抬高等级或者压低等级等手段收购、销售商品或者提供服务，变相提高或者压低价格；⑦暴利行为，指经营者违反法律、法规规定牟取暴利；⑧其他不正当价格行为。

第六，接受管理监督的义务。经营者有义务接受管理监督，以确保企业的合法运营、遵守相关法规和规定，并保障员工和消费者的合法权益。接受管理监督可以促进企业的诚信经营和良好形象的建立，同时维护市场秩序和公平竞争环境。接受管理监督的义务不仅是履行法律责任，更是展示经营者的诚信和责任意识。通过与管理部门的良好合作，经营者能够建立良好的企业形象，赢得员工、消费者和社会的信任。同时，接受管理监督也有助于维护市场秩序和公平竞争环境，避免不正当竞争的行为，促进市场的健康发展。

三、政府的定价行为

（一）政府定价的范围及定价目录的制定权

1. 政府定价的范围

就市场经济本质而言，价格应由经营者自主定价。但必要时基于社会整体利益、长远利益的需要，一些关系国计民生的商品和服务的价格，必须由国家调控，实行政府定价、政府指导价。这种做法也是符合经营者的根本利益的。

政府定价的范围包括：①与国民经济发展和人民生活关系重大的极少数商品价格；②资源稀缺的少数商品价格；③自然垄断经营商品的价格；④重要的公用事业价格；⑤重要的公益性服务价格。

政府定价范围、定价的商品和服务项目都是与国计民生有关的，而且大体上也是相对固定的。这与政府因价格波动异常而临时集中定价、限价是有区别的。其中，有些规则会随着社会经济的发展变化而有所改变。《价格法》也规定政府定价、政府指导价的具体适用范围和价格水平都应根据经济运行情况进行适时调整。

2. 定价目录的制定权

定价目录的制定权只属于中央政府和省级政府两级。中央定价目录由国务院价格主管部门制定、修订，报国务院批准后公布；地方定价目录由省、自治区、直辖市人民政府价格主管部门按照中央定价目录规定的定价权限和具体适用范围制定，经本级人民政府审核同意，报国务院价格主管部门审定后公布。

省级人民政府以下各级地方人民政府不得制定定价目录，但市、县人民政府可根据省级人民政府的授权，按照地方定价目录规定的定价权限和具体适用范围，制定在本地区执行的政府定价和政府指导价。

（二）政府定价的依据

制定政府定价、政府指导价，应当依据有关商品或者服务的社会平均成本和市场供求状况、国民经济与社会发展要求及社会承受能力，实行合理的购销差价、批零差价、地区差价和季节差价。商品或者服务价格若与国际市场价格联系紧密的，可以参考国际市场价格。

政府定价最根本的依据是现代市场经济的客观需要和社会与人民利益的基本要求。这些都需要政府介入市场，对市场的价格机制和经营者的价格行为进行一定范围、一定程度的规制、指导、管理和监督。

（三）政府定价的程序

第一，调查。政府制定价格应当开展价格成本调查，听取包括消费者、经营者和有关各方的意见。有关单位应如实反映情况，提供必需的账簿、文件及其他资料。

第二，听证。制定关系群众切身利益的公用事业价格、公益性服务价格、自然垄断经营商品的价格等政府定价、政府指导价时，应当召开听证会，由政府价格主管部门主持，征求消费者、经营者和有关各方的意见，论证其必要性与可行性。这一规定实际上也规定了听证会的范围。有些政府定价不一定履行此程序，不一定都召开听证会。

第三，公布。政府定价、政府指导价制定后，制定部门应向消费者、经营者公布。

第四，调整。政府定价、政府指导价的具体适用范围、价格水平，都应根据经济运行情况，按照定价权限和程序适时调整。消费者、经营者也可对此提出调整建议。

四、价格的管理和监督

（一）价格管理

1. 宏观管理

（1）计划调控目标制度。为实行价格宏观调控，国务院有权制定全国年度商品零售价格总水平的控制目标和价格结构调整计划，并将其纳入同年度的国家计划；可据此向各省、自治区、直辖市下达年度的商品零售价格总水平控制目标，向各部门下达调整价格的具体要求。为实现全国零售价格总水平调控目标，各部门可采取一切手段，包括税率、利率、汇率、折旧率、价格贴现，以及调减、调增商品比重结构等。通过这些手段调节市场供求关系，稳定价格总水平。如对长期供不应求、价格过高的产品，可通过税收、信贷优惠，鼓励企业生产；对长期供大于求、大量消耗能源和资源、价格偏低的商品，可通过经济手段及必要的行政手段，控制其生产，使市场供求趋于平衡，以稳定价格。

（2）价格监测制度。为适应价格调控和管理的需要，政府价格主管部门应建立价格监测制度，对重要商品价格、服务价格的变动进行监测。

（3）价格调节储备制度。政府可设立重要商品储备制度和设立价格调节基金，以调控价格，稳定市场。《价格法》具有调控市场价格的巨大作用，但法律不是万能的，价值仍是价格的决定因素。当市场严重供不应求时，法律调控也须结合经济措施，将储备的紧缺商品投入市场，或用专项储备基金购买后投入市场，以缓和紧缺局面，稳定市场。为此，必须从物和钱两个方面储备，即建立重要商品储备制度和价格调节基金制度。

实行保护价时也需要有相应的货币储备专项基金，如粮价过低时，即可动用专项基金收购粮食，以免"谷贱伤农"。

2. 微观管理

（1）保护价制度。保护价措施可借助货币储备制度，但它更多的是针对农产品。当粮食等重要农产品市场价格过低时，政府收购时可实行保护价措施和其他相应的经济措施。

（2）限价制度。当重要商品价格和服务价格显著上涨或可能显著上涨时，国务院和省级政府可以对部分价格采取限定差价率或利润率的干预措施。省级政府实施限价措施时须报国务院备案。

差价率即国家规定经营差率（如进销差率、批零差率），经营者在进价的基础上，按规定差价制定价格。

利润率是国家规定经营某产品的最高利润水平，经营者只可在规定的利润率水平内自主定价。实际上，许多经营者往往超利润率定价。

（3）提价申报制度和调价备案制度。重要商品价格和服务价格显著或可能显著上涨时，国务院和省级政府可实行提价申报制度和调价备案制度。

（4）紧急干预制度。紧急干预与国家实施的一般正常情况下的价格管理不同，它是当市场价格总水平出现剧烈波动等异常状态时，国务院在全国范围内或者部分区域内采取临时集中定价权限、部分或者全面冻结价格的紧急措施。

紧急干预措施针对的是一时出现的价格剧烈波动的异常情况，而且是被迫临时采取的。因此，《价格法》规定了当实施紧急措施的情形消除后，政府应及时解除干预措施和紧急措施。

（二）价格监督

1. 政府监督

与政府定价主体不同，政府价格监督主体要广泛得多，凡县级以上各级人民政府价格主管部门均可依法对价格活动进行监督检查，并可依照《价格法》的规定，对价格违法行为实施行政处罚。

政府作为价格监督检查主体，可行使以下四项职权：①询问当事人或有关人员，并要求其提供证明材料和与价格违法行为有关的其他材料；②查询、复制与价格违法行为有关的账簿、单据、凭证、文件及其他资料，核对与价格违法行为有关的银行资料；③检查与价格违法行为有关的财物，必要时可以责令当事人暂停相关营业；④在证据可能灭失或者以后难以取得的情况下，可以依法先行登记保存，当事人或者有关人员不得转移、隐匿或者销毁。

被监督主体当为经营者。经营者接受政府价格主管部门的监督检查时，应如实提供价格监督检查所必需的账簿、单据、凭证、文件及其他资料。

政府部门的价格工作人员也负有相应的义务和责任，不得将依法取得的资料或者了解的情况，用于依法进行价格管理以外的任何其他目的；也不得泄露当事人的商业秘密。

2. 社会监督

价格问题涉及千家万户、亿万民众，必须依靠群众监督、社会监督。社会监督，广义上指由社会组织、个人和新闻单位对价格进行的监督，主要包括：①社会组织监督，包括消费者组织、职工价格监督组织、居民委员会、村民委员会等，有权对价格进行社会监督；②消费者等个人监督；③新闻单位监督。

《价格法》还要求政府价格主管部门建立对价格违法行为的举报制度，规定政府价格主管部门应当对举报者给予奖励，并负责为其保密。

有关价格违法行为的处理，《价格法》在"法律责任"一章进行规定。1999—2010年，国务院根据《价格法》的规定，三次修订《价格违法行为行政处罚规定》。除行政处罚手段外，《价格法》还规定了经营者因价格违法行为给消费者和其他经营者造成损害时应负的民事赔偿责任，规定了国家价格工作人员触犯刑法时应负的刑事责任。

第三节 会计法律制度与会计职业道德建设实践

一、会计法律制度建设

会计法律制度是指国家权力机关和行政机关制定的各种会计规范性文件的总称，包括会计法律、会计行政法规、会计规章等。"进入新世纪以来，由于经济的持续发展和改革开放的深入，我国的经济活动更显复杂和多元，会计制度的建立和完善显得十分必要。其既是财务预决算、资金流控制等经济财务活动的重要基础和依据，也是保证财务活动和国家、行业、企业经济活动健康有序发展和相关部门财务监控的重要手段和保障。"①

会计关系是指会计机构、人员及国家在办理会计事务和管理会计工作过程中发生的经济关系。例如，在一个单位里，会计机构和人员是会计关系的主体，会计工作的对象（相关的具体事务）就是会计关系的客体。

1. 会计法律制度的构成

（1）会计法律。会计法律是指由全国人民代表大会及其常务委员会经过一定立法程序制定的有关会计工作的法律，是会计法律制度中层次最高的法律规范。

（2）会计行政法规。会计行政法规是指由国务院制定并发布或者国务院有关部门拟订并经国务院批准发布，调整经济生活中某些方面会计关系的法律规范。例如，国务院发布的《企业财务会计报告条例》《总会计师条例》等。

（3）国家统一的会计制度。《中华人民共和国会计法》（以下简称《会计法》）规定，国家实行统一的会计制度。国家统一的会计制度是指国务院财政部门制定的关于会计核算、会计监督、会计机构和会计人员及会计工作管理的制度。

2. 会计工作管理体制

（1）会计工作的行政主管部门。国务院财政部门主管全国的会计工作，县级以上地方各级人民政府财政部门管理本行政区域内的会计工作。其中，会计工作管理实行统一领导、分级管理的管理体制。

（2）单位内部的会计工作管理。单位负责人是指单位法定代表人或者法律、行政法规

---

①高靖宇.会计制度的确立与完善［J］.商场现代化，2010（36）：163.

规定代表单位行使职权的主要负责人。单位负责人对本单位的会计工作和会计资料的真实性、完整性负责；应当保证财务会计报告真实、完整；应当保证会计机构、会计人员依法履行职责，不得授意、指使、强令会计机构和会计人员违法办理会计事项。

二、会计核算与监督

（一）会计核算

会计核算是会计工作的基本职能之一，也是会计各项工作的重要环节。会计核算，是以货币为主要计量单位，运用一定的方法，对会计主体的经营活动和资金运动进行反映，在会计核算过程中，应进行连续、系统、全面的记录、计算、分析，并定期编制和提供财务会计报告。

1. 会计核算的基本要求

（1）会计信息质量要求。

第一，可靠性。可靠性是指企业应当以实际发生的交易或者事项为依据进行会计确认、计量和报告，如实反映符合确认和计量要求的各项会计要素及其他相关信息，保证会计信息真实可靠、内容完整。

《会计法》规定：各单位必须根据实际发生的经济业务事项进行会计核算，填制会计凭证，登记会计账簿，编制财务会计报告。

第二，相关性。相关性是指企业提供的会计信息应当与财务会计报告使用者的经济决策需要相关。相关性有助于财务会计报告使用者对企业过去、现在或者未来的情况作出评价或者预测。

第三，可理解性。可理解性是指企业提供的会计信息应当清晰明了，便于财务会计报告使用者理解和使用。

第四，可比性。可比性是指企业提供的会计信息应当具有可比性。

第五，实质重于形式。实质重于形式是指企业应当按照交易或者事项的经济实质进行会计确认、计量和报告，不应仅以交易或者事项的法律形式为依据。

第六，重要性。重要性是指企业提供的会计信息应当反映与企业财务状况、经营成果和现金流量等有关的所有重要交易或者事项。

第七，谨慎性。谨慎性也称稳健性，是指企业对交易或者事项进行会计确认、计量和报告应当保持应有的谨慎，不应高估资产或者收益、低估负债或者费用。

第八，及时性。及时性是指企业对已经发生的交易或者事项，应当及时进行会计确认、计量和报告，不得提前或者延后。

（2）会计资料的基本要求。会计资料包括会计凭证、会计账簿、财务会计报告和其他会计资料。会计资料是反映单位财务状况和经营成果、评价经营业绩、进行投资决策的重要依据，因此必须保证会计资料的真实性和完整性。

会计资料的真实性是指会计资料所反映的内容和结果应当同单位实际发生的经济业务的内容及结果一致。会计资料的完整性是指构成会计资料的各项要素必须齐全，以使会计资料如实、全面地记录和反映经济业务发生的情况，便于会计资料使用者全面、准确地了解经济活动情况。

生成和提供虚假会计资料是一种严重违法行为。《会计法》规定：任何单位或者个人不得以任何方式授意、指使、强令会计机构、会计人员伪造、变造会计凭证、会计账簿和其他会计资料，提供虚假财务会计报告。任何单位和个人不得伪造、变造会计凭证、会计账簿及其他会计资料，不得提供虚假的财务会计报告。

所谓伪造会计凭证、会计账簿及其他会计资料，是指以虚假的经济业务事项为前提，编造不真实的会计凭证、会计账簿和其他会计资料；所谓变造会计凭证、会计账簿及其他会计资料，是指用涂改、挖补等手段来改变会计凭证、会计账簿及其他会计资料的真实内容，歪曲事实真相的行为，即篡改事实；所谓提供虚假的财务会计报告，是指通过编造虚假的会计凭证、会计账簿及其他会计资料或直接篡改财务会计报告上的数据，使财务会计报告不真实、不完整地反映真实财务状况和经营成果，借以误导、欺骗会计资料使用者的行为。

（3）会计电算化的基本要求。

第一，使用的会计核算软件必须符合国家统一的会计制度的规定。

第二，用电子计算机软件生成的会计资料必须符合国家统一的会计制度的要求。

第三，使用会计电算化的单位，其账簿、凭证的登记和更正的方法必须符合国家统一的会计制度的规定。

（4）会计处理方法的要求。各单位采用会计处理方法，前后各期应当一致，不得随意变更；如需变更，应当符合国家会计制度的规定，并在会计报告中披露变更的原因、情况和影响。

2. 会计核算的内容

（1）款项和有价证券的收付。款项是指作为支付手段的货币资金，一般包括现金、银行存款及其他视同现金和银行存款使用的外埠存款、银行汇票存款、银行本票存款、在途货币资金、信用证存款、保函押金和各种备用金等。有价证券是指表示一定财产拥有权或支配权的证券，如国库券、股票、企业债券和其他债券等。

（2）财物的收发、增减和使用。财物一般包括流动资产（如原材料、燃料、包装物、低值易耗品、在产品、商品和各种投资等）和非流动资产（如房屋、建筑物、机器、设备、设施、运输工具、专利、非专利技术等）。这些资产的价值一般较大，所以在会计核算中必须加强对单位财物收发、增减和使用环节的管理。

（3）债权债务的发生和结算。债权是指单位收取款项的权利，一般包括各种应收和预付款项等。债务则是指单位承担的、能以货币计量的、需要以资产或劳务偿付的义务，一般包括各项借款、应付和预收款项及应交款项等。随着商品经济的发展，商业信用程度的加强，各单位之间发生的债权和债务活动是不可避免的经济业务事项，必须进行会计核算。因此，各单位要加强对债权债务的核算，及时、真实、完整地核算和反映单位的债权债务，处理好与其他部门和个人之间的财务关系，以防范非法行为在债权债务环节的发生。

（4）资本、基金的增减。会计核算中的资本是指所有者权益中的投入资本；基金是各单位按照法律、法规的规定而设置或筹集的、具有特定用途的专项资金，如社会保险基金、教育基金等。资本、基金增减的会计核算，要遵循国家有关的法律法规进行，它具有很强的政策性，要严格按照合同、协议、董事会决议或政府部门的有关文件办理。

（5）收入、支出、费用、成本的计算。收入是指公司、企业在销售商品、提供劳务及让渡资产使用权等日常活动中所形成的经济利益的总流入。支出是行政事业单位或社会团体在履行法定职能、发挥特定功能时所发生的各项开支，以及企业在正常生产经营活动以外的支出和损失。费用是指企业在销售商品、提供劳务等日常活动中所发生的经济利益流出，费用通常包括生产成本和期间费用。成本是指公司、企业为生产某种产品而发生的费用，它与一定种类和数量的产品相联系，是对象化了的费用。收入、支出、费用、成本都是计算和判断单位经营成果及其盈亏状况的主要依据。各单位应当重视收入、支出、费用、成本环节的管理，按照国家统一会计制度的规定，正确核算收入、支出、费用、成本。

（6）财务成果的计算和处理。财务成果主要是指企业和企业化管理的事业单位在一定时期内通过从事经营活动而在财务上所取得的结果，具体表现为盈利或亏损。财务成果的计算和处理一般包括利润的形成和利润的分配两个部分，它涉及企事业单位、国家等各方面的经济利益，因此各单位必须严格按照国家统一的规定，正确计算处理财务成果。

（二）会计监督

1. 单位内部会计监督

（1）单位内部会计监督的概念。单位内部会计监督，是指一个单位为了保护其资产的安全完整，保证其经营活动符合国家法律、法规和内部规章要求，提高经营管理水平和效率，防止舞弊，控制风险等目的，而在单位内部采取的一系列相互联系、相互制约的制度和方法。

（2）单位内部会计监督的主体和对象。根据相关法律法规的规定，各单位的会计机构、会计人员对本单位的经济活动进行会计监督。内部会计监督的主体是各单位的会计机构、会计人员；内部会计监督的对象是单位的经济活动。

（3）单位内部会计监督制度的基本要求。单位内部会计监督的内容十分广泛，涉及人、财、物等诸多方面，各单位应当根据实际情况建立、健全本单位的内部会计监督制度。

第一，记账人员与经济业务或会计事项的审批人员、经办人员、财物保管人员的职责权限应当明确，并相互分离、相互制约。

第二，重大对外投资、资产处置、资金调度和其他重要经济业务，应当明确其决策和执行程序，并体现相互监督、相互制约的要求。

第三，财产清查的范围、期限和组织程序应当明确。

第四，对会计资料定期进行内部审计的办法和程序应当明确。

（4）会计机构和会计人员在单位内部会计监督中的作用。

第一，对违反《会计法》和国家统一的会计制度规定的会计事项，有权拒绝办理或者按照职权予以纠正。

第二，发现会计账簿记录与实物、款项及有关资料不相符的，按照国家统一的会计制度规定有权自行处理的，应当及时处理；无权处理的，应当立即向单位负责人报告，请求查明原因，作出处理。

第三，单位负责人应当保证会计机构、会计人员依法履行职责，不得授意、指示、强令其违法办理会计事项。

（5）小企业的内部控制原则。

第一，风险导向原则。内部控制应当以防范风险为出发点，重点关注对实现内部控制目标造成重大影响的风险领域。

第二，适应性原则。内部控制应当与企业发展阶段、经营规模、管理水平等相适应，并随着情况的变化及时加以调整。

第三，实质重于形式原则。内部控制应当注重实际效果，而不局限于特定的表现形式和实现手段。

第四，成本效益原则。内部控制应当权衡实施成本与预期效益，以合理的成本实现有效控制。

（6）行政事业单位的内部控制方法。

第一，不相容岗位相互分离。合理设置内部控制关键岗位，明确划分职责权限，实施相应的分离措施，形成相互制约、相互监督的工作机制。

第二，内部授权审批控制。明确各岗位办理业务和事项的权限范围、审批程序和相关责任，建立重大事项集体决策和会签制度。相关工作人员应当在授权范围内行使职权、办理业务。

第三，归口管理。根据本单位的实际情况，按照权责对等的原则，采取成立联合工作小组并确定牵头部门或牵头人员等方式，对有关经济活动实行统一管理。

第四，预算控制。强化对经济活动的预算约束，使预算管理贯穿于单位经济活动的全过程。

第五，财产保护控制。建立资产日常管理制度和定期清查机制，采取资产记录、实物保管、定期盘点、账实核对等措施，确保资产安全完整。

第六，会计控制。建立健全本单位财会管理制度，加强会计机构建设，提高会计人员的业务水平，强化会计人员岗位责任制，规范会计基础工作，加强会计档案管理，明确会计凭证、会计账簿和财务会计报告处理程序。

第七，单据控制。要求单位根据国家有关规定和单位的经济活动业务流程，在内部管理制度中明确界定各项经济活动所涉及的表单和票据，要求相关工作人员按照规定填制、审核、归档、保管单据。

第八，信息内部公开。建立健全经济活动相关信息内部公开制度，根据国家有关规定和单位的实际情况，确定信息内部公开的内容、范围、方式和程序。

2. 会计工作的政府监督

（1）会计工作的政府监督的概念。会计工作的政府监督主要是指财政部门代表国家对单位和单位中相关人员的会计行为实施的监督检查，以及对发现的违法会计行为实施的行政处罚。

（2）会计工作的政府监督的主体。国务院财政部门主管全国的会计工作。国务院财政部门是《会计法》的执法主体，是会计工作的政府监督的主体。

此外，《会计法》规定，除国务院财政部门外，审计、税务、人民银行、银行监管、证券监管、保险监管等部门依照有关法律、行政法规规定的职责和权限，可以对有关单位的会计资料实施监督检查。

（3）财政部门实施会计监督的对象和内容。

第一，监督对象。根据《财政部门实施会计监督办法》的规定，财政部门实施会计监督检查的对象是会计行为，并对发现的有违法会计行为的单位和个人实施行政处罚。

第二，监督内容。①各单位是否依法设置会计账簿；②各单位的会计凭证、会计账簿、财务会计报告和其他会计资料是否真实、完整；③各单位的会计核算是否符合《会计法》和国家统一的会计制度的规定；④各单位从事会计工作的人员是否具备专业能力、遵守职业道德。

3. 会计工作的社会监督

（1）会计工作的社会监督的概念。会计工作的社会监督主要是指由注册会计师及其所在的会计师事务所依法对委托单位的经济活动进行的审计、鉴证的一种监督制度。

《会计法》规定，任何单位和个人对违反《会计法》和国家统一的会计制度规定的行为，有权检举。这也属于会计工作的社会监督。

（2）注册会计师审计报告。

第一，审计报告是指注册会计师根据审计准则的规定，在执行审计工作的基础上，对财务报表发表审计意见的书面文件。

审计报告是注册会计师对财务报表是否在所有重大方面按照财务报告编制基础编制并实现公允反映发表审计意见的书面文件，因此注册会计师应当将已审计的财务报表附于审计报告之后，以便财务报表使用者正确理解和使用审计报告，并防止被审计单位替换、更改已审计的财务报表。

第二，审计报告分为标准审计报告和非标准审计报告。①标准审计报告，是指不含有说明段、强调事项段、其他事项段或其他任何修饰性用语的无保留意见的审计报告；②非标准审计报告，是指带强调事项段或其他事项段的无保留意见的审计报告和非无保留意见的审计报告。非无保留意见的审计报告包括保留意见的审计报告、否定意见的审计报告和无法表示意见的审计报告。

第三，审计意见的类型。①无保留意见，是指当注册会计师认为财务报表在所有重大方面按照适用的财务报告编制基础编制并实现公允反映时发表的审计意见。无保留意见包含其他报告责任段，但不含有强调事项段或其他事项段的无保留意见的审计报告也被视为标准审计报告；②非无保留意见，是指保留意见、否定意见或无法表示意见。

三、会计职业道德建设

（一）会计职业道德建设的主要内容

"会计职业道德作为一种引导、制约会计行为，调整会计人员与社会、企业单位和不同利益集体及会计人员之间关系的社会规范，它在社会主义市场经济的今天尤其显得重要。在会计职业道德建设中，应处理好会计职业道德与会计信息失真、会计行为环境、会计职业道德教育及会计职业道德评价体系等的关系。"①

会计职业道德是指在会计职业活动中应当遵循的、体现会计职业特征的、调整会计职业关系的职业行为准则和规范。

1. 爱岗敬业

（1）深入理解会计职业的意义和价值，树立职业荣誉感。会计作为财务信息的管理者和报告者，在维护企业利益和社会公众利益方面起着重要作用。会计人员应正确认识自己的职业角色，意识到自己所从事的工作对企业经营和社会经济发展的重要性，从而培养对会计职业的尊重和自豪感。

（2）安心工作，任劳任怨。会计工作常常要求细致入微地分析和处理，需要耐心和专注。会计人员应该保持工作中的专注和细致，勇于承担工作中的困难和挑战，不怕辛苦，坚持不懈地完成工作任务。同时，要保持工作中的诚信和公正，不受利益诱惑，始终坚持道德原则。

（3）严肃认真，一丝不苟。会计工作需要高度的准确性和可靠性，任何疏漏都可能对财务信息产生重大影响。会计人员应该严肃对待每一项工作，严格执行相关规章制度，准确记录和报告财务信息，确保信息的准确性和完整性。不仅要关注工作细节，还要不断改进工作方法和流程，提高工作效率和质量。

2. 诚实守信

（1）会计人员应保持诚实守信的品质，坚持真实记录和报告财务信息，不夸大或隐瞒

①周叶，寻舸. 论会计职业道德［J］. 湘潭大学社会科学学报，2002，26（3）：141-143.

事实。不论是在编制财务报表还是在提供财务咨询方面，会计人员都要遵循真实性和客观性原则，不制造虚假的数据或信息。只有以真实的态度和行为面对会计工作，才能维护行业信誉和个人声誉。

（2）会计人员接触到大量的敏感和机密信息，包括企业财务数据、业务计划等。会计人员应严格遵守保密义务，不泄露任何机密信息，确保客户和雇主的利益不受损害；不应为个人或他人的利益而违反保密义务，避免利益冲突和不当行为的发生；保持良好的职业道德和职业操守，树立诚信和可信赖的形象。

3. 廉洁自律

（1）树立正确的人生观和价值观。会计人员应树立正确的人生观和价值观，明确自己的职业追求和目标。他们应以诚实、正直、公正为核心价值，注重职业道德和职业操守的培养。通过追求高尚的人生目标，会计人员能够坚守原则、秉持道义，以更高的标准要求自己的职业行为。

（2）公私分明，不贪不占。会计人员应始终保持公私分明的原则，不将个人利益和职业责任混淆；不利用职务之便谋取私利，不接受或提供贿赂、回扣等不当利益；要远离腐败行为和违法犯罪活动，始终坚持遵纪守法、廉洁奉公，维护职业道德和社会公共利益。

（3）遵纪守法，尽职尽责。会计人员应遵守法律法规和职业准则，履行职业职责，勤勉尽责地开展工作。他们应具备专业知识和技能，确保财务信息的准确性和可靠性，保护客户和雇主的合法权益。会计人员应时刻保持职业精神、敬业精神，积极主动履行职责，为企业和社会做出有意义的贡献。

（二）会计职业道德建设的基本策略

1. 净化社会环境

（1）加强职业道德教育。加强对会计从业人员的职业道德教育，提高其道德意识和职业操守。通过培训、研讨会、案例分析等形式，引导会计从业人员正确理解职业道德的重要性，并提供道德决策的指导原则。

（2）建立道德准则和行为规范。制定明确的会计职业道德准则和行为规范，明确要求会计从业人员遵守职业道德规范，禁止违规行为。这些准则和规范包括诚实、诚信、保密、专业等方面的要求，为会计从业人员提供明确的行为指引。

（3）强化内部控制和监督机制。建立健全内部控制和监督机制，确保会计工作的透明度和准确性。包括加强会计核算、审计和财务报告的内部审核和审查，防止会计信息失真和虚假报告。

（4）建立举报机制和保护机制。建立举报违法违规行为的机制，并为举报者提供保护措施，鼓励会计从业人员积极揭露违法违规行为，加强对违规行为的监督和惩处。

（5）推动行业自律和监管合作。加强会计行业的自律机构建设，促进会计从业人员之间的交流和合作，共同推动行业的职业道德建设。同时，加强与监管机构的合作，建立行业监管框架和相互监督机制，加大对违规行为的打击力度。

（6）培育职业荣誉感和责任意识。通过表彰优秀会计从业人员、开展行业评选等方式，激励会计从业人员培养职业荣誉感和责任意识，形成良好的行业风气。

2. 增强法律知识，加强监督

（1）建立行业准则和规范。制定明确的会计职业准则和道德规范，规范会计专业人员的行为。这些准则和规范应涵盖诚信、保密、公正、专业判断等方面的要求，并与国家的法律法规保持一致。

（2）教育和培训。加强对会计专业人员的道德教育和培训，加强其对职业道德的认识和理解。培训应重点强调合规意识、法律法规的遵守和反腐败意识的培养，以提高会计专业人员的道德素养和职业操守。

（3）案例分析和经验分享。通过案例分析和经验分享，引导会计专业人员认识和评估不同情境下的道德风险，并提供正确的道德决策指导。这有助于加深对道德问题的认识，增强道德意识和道德风险的抵抗能力。

（4）建立监督机制。建立有效的监督机制，确保会计专业人员的行为符合道德规范和法律法规。监督机制包括行业协会的自律机制、内部审计和监控机制，以及政府监管机构的监督和执法。

（5）惩处违规行为。对违反会计职业道德和法律规定的行为，采取及时、公正和严厉的惩处措施。这样既可以起到震慑作用，也可以保护诚信会计专业人员的声誉和权益。

（6）增强法律意识。加强会计专业人员对法律法规的学习和理解，增强法律意识。通过法律培训、法律咨询和合规指导，使会计专业人员熟悉相关法律法规，并能够合法合规地开展工作。

（7）加强合作与监管。行业协会、监管机构和会计师事务所等各方应加强合作，共同推动会计职业道德建设和法律法规的执行。定期交流和合作，共同解决行业中的道德和法律问题，并加强对会计专业人员的监管和指导。

3. 完善会计委派管理制度

完善的会计委派管理制度可充分提高会计信息的真实性，强化财会监督，进一步减少偷税漏税行为的发生，有效维护国家经济利益，保护人民生命财产免遭损失，真正体现会计工作人员的专业技术水平和综合运用能力。

（1）法律法规建设。建立健全法律法规，明确会计委派管理的基本原则、权限和程序，确保会计委派管理制度与相关法律法规保持一致，并对违规行为进行明确的制度规定和惩处措施。

（2）委派程序和标准。建立明确的委派程序和标准，包括委派资格的要求、委派决策的程序和审批流程等。确保会计委派的过程透明、公正，有利于优秀人才的选拔和任用。

（3）职责分工和权限管理。明确会计委派的职责分工和权限范围，避免委派过程中的职权滥用和权力过度集中。建立适当的审批制度和监督机制，确保会计委派管理的公平性和合规性。

（4）专业素质培养和考核。加强对会计人员的职业道德培养和教育，提高其专业素质和道德意识。建立严格的考核机制，对会计委派人员进行定期的绩效评估和道德考核，激励优秀人员，纠正不端行为。

（5）内部控制和风险管理。建立有效的内部控制和风险管理机制，确保会计委派过程的合规性和风险防范。包括对委派人员的背景调查和审查，以及对会计委派决策的审计和监督。

（6）考核和监督机制。建立健全的考核和监督机制，对会计委派管理的执行情况进行监测和评估，及时发现和纠正问题，保障会计委派管理制度的有效运行和持续改进。

（7）道德激励和宣传教育。加强道德激励机制，通过奖励和表彰优秀的会计委派人员，树立榜样。开展宣传教育活动，提升公众对会计职业道德的认知和重视，倡导诚信、公正和负责任的会计行为。

参考文献

陈莉娟，2017. 再论经济法与民商法的关系［J］. 经营者，31（3）：268，289.

陈晓星，2005. 个人独资企业设立条件的立法思考［J］. 中南大学学报（社会科学版），
　　11（1）：70-74.

陈雪来，2012. 关于《劳动合同法》的若干思考［J］. 商（15）：117.

冯洁，2006. 论市场经济条件下和谐劳动关系对诚信原则的需要与期待［J］. 广东省社会
　　主义学院学报（2）：43.

高靖宇，2010. 会计制度的确立与完善［J］. 商场现代化（36）：163.

高晓辉，2016. 合伙企业会计管理初探［J］. 中国商论（21）：35-36.

郭宗杰，2015. 深化改革背景下价格法修订的若干问题研究［J］. 政治与法律（8）：75-86.

胡晓娟，陈明明，2023. 行政事业性国有资产全生命周期管理机制探析［J］. 西部财会
　　（2）：32-34.

胡永霞，2016. 劳动合同法律问题研究［M］. 武汉：武汉大学出版社.

黄洪明，2022. 县级国有资产管理的思考［J］. 财会学习（35）：137-139.

坚冰卓，马幸荣，2022. 哈萨克斯坦能源法律制度探析［J］. 伊犁师范大学学报，40
　　（2）：25-30.

鞠齐，2016. 经济法［M］. 成都：四川大学出版社.

康景文，2018. 论我国能源法律制度的发展与完善［J］. 法制博览（7）：84-85.

康均心，刘爱军，2001. 论消费者权益的保护［J］. 山东公安专科学校学报，13（3）：
　　35-39.

李伯侨，杨捷，2001. 论个人独资企业的事务管理［J］. 广东社会科学（4）：117-121.

李腊云，2002. 论我国新《产品质量法》的完善［J］. 广西社会科学（1）：131-133.

吕爱琳，2022. 我国氢能源法律制度问题及建议探究［J］. 法制博览（36）：118-120.

吕艳辉，2002. 论经济法与民商法的关系［J］. 当代法学（5）：10-12.

马延环，2018. 论经济法与民商法的关系［J］. 职工法律天地（16）：116.

毛琬娇，2022. 资本维持原则对公司设立及运营启示 [J]. 中国石油企业，2 (9)：89-91.

茂盛，2022. 会计职业道德浅析 [J]. 中国乡镇企业会计 (3)：196-198.

宁立志，龚涛，2022. 反不正当竞争法视角下的竞业限制协议 [J]. 河南师范大学学报（哲学社会科学版），49 (4)：44-52.

邵建东，2002. 论折扣与不正当竞争 [J]. 南京大学学报（哲学·人文科学·社会科学），39 (2)：108-115.

宋彪，2009. 论可再生能源法的强制性规则 [J]. 江海学刊 (3)：149-154.

宋婧，2018. 论能源法律制度的内生性互补与外生性互补 [J]. 郑州大学学报（哲学社会科学版），51 (3)：38-42.

王保树，2007. 合伙企业团体能力的思考大纲 [J]. 甘肃政法学院学报 (1)：1-6.

王浩云，2020. 应用型企业经济法教程 [M]. 北京：中国政法大学出版社.

韦大乐，2003.《价格法》的成效与完善建议 [J]. 法学杂志，24 (4)：49-51.

吴雅冰，2008. 一人公司与个人独资企业的利弊剖析 [J]. 生产力研究 (4)：132-134.

向春华，2020. 劳动合同的变更应采用书面形式 [J]. 中国社会保障，317 (12)：52.

肖颖，2023. 新发展格局下加强国有企业资产管理工作的对策研究 [J]. 中小企业管理与科技 (5)：112-114.

阎秋华，2014. 会计职业道德 [J]. 现代经济信息 (23)：295，297.

杨永清，潘勇锋，2023. 公司法修订若干问题探讨 [J]. 法律适用 (1)：23-34.

叶明，张洁，2023. 反垄断法保护个人信息权益的理据与路径 [J]. 华中科技大学学报（社会科学版），37 (1)：85-96.

曾文革，任婷玉，2022. 论双碳目标下我国促进新能源利用的法律制度保障 [J]. 阅江学刊，14 (5)：41-50.

曾昭博，2018. 浅论经济法与民商法的关系 [J]. 职工法律天地 (2)：10.

张俊勇，2023. 论公司法修订中减资制度的完善 [J]. 法律适用 (1)：88-94.

张青平，2021. 价格法革新：应对突发公共卫生事件的完善路径 [J]. 现代交际 (13)：235-237.

张守文，2018. 当代中国经济法理论的新视域 [M]. 北京：中国人民大学出版社.

张守文，2020. 经济法的立法统合：前提与准备 [J]. 学术界 (6)：46-53.

张守文，2023. 经济法的立法路径选择 [J]. 现代法学，45 (1)：118-131.

赵立宝，2010. 论经济法与民商法的关系 [J]. 法制与经济（下旬刊）(10)：109-110.

周叶，寻舸，2002. 论会计职业道德 [J]. 湘潭大学社会科学学报，26 (3)：141-143.

周振宇，2023. 电子商务中消费者权益保护的问题研究 [J]. 中国商论 (4)：53-55.

朱玲，2023. 关于行政事业性国有资产管理问题的分析：以南京市浦口区为例 [J]. 知识经济，643 (15)：43-45.